Inglés profesional para turismo

avanza editorial

Editado por:
EDITORIAL FAE, S.L.U.
Correo electrónico: editorial@editorialfae.com

Inglés profesional para turismo
Sonia Vázquez del Fresno

1ª Edición

ISBN: 978-84-1135-292-5

Impreso en España

Presentación

Ficha técnica del curso

El presente manual desarrolla el contenido teórico de la acción formativa "Inglés profesional para turismo" incluida en FUNDAE con código HOTT0015 en la familia profesional de Formación Complementaria dentro del Área Profesional de "Lenguas Extranjeras".

La acción formativa cuenta con una duración de 60 horas y su contenido está estructurado en tres unidades de aprendizaje que se distribuyen según lo expuesto en el siguiente índice.

Índice

U. A. 1. Gestión y comercialización en inglés de servicios turísticos

U. A. 2. Prestación de información turística en inglés

U. A. 3. Atención al cliente de servicios turísticos en inglés

Índice

U. A. 1. Gestión y comercialización en inglés de servicios turísticos

Introducción

La gestión y comercialización de los productos y servicios turísticos son consideradas esenciales en los motores económicos a nivel mundial.

El motivo principal de la importancia de estos es que, no solo incluyen la gestión del conjunto de prestaciones que hacen al turista disfrutar de un patrimonio monumental y natural concreto, sino también el conjunto de infraestructuras (públicas y privadas), el acceso, los transportes, los suministros básicos de energía, el sentimiento de seguridad y protección…, que permiten ese disfrute de forma satisfactoria.

Durante el estudio de esta unidad, la inmersión en la descripción de los productos y servicios turísticos en inglés, nos llevará a desgranar cada trámite y gestión necesarios para que la expectativa del turista angloparlante sea la esperada.

Objetivos

- Identificar y comercializar productos y servicios turísticos en inglés por medio de bancos de palabras y expresiones.
- Traducir e interpretar la documentación generada en la comercialización y prestación de los mismos.
- Interactuar en inglés, de forma fluida, en situaciones de negociación con proveedores y gestión de trámites con clientes.

1. Presentación de servicios turísticos: características de productos o servicios, medidas, cantidades, servicios añadidos, condiciones de pago y servicios postventa, entre otros

 **Vocabulario**

Turismo se define como la *"actividad recreativa que consiste en viajar o recorrer un país o lugar por placer"* y el *"conjunto de personas que hacen ese tipo de viajes"*.

Lo que hace diferente a esta actividad es que en la mayoría de los casos se lleva a cabo "por placer". Esta naturaleza subjetiva y particular convierte al turismo en una corriente en constante movimiento y adaptación al entorno para poder subsistir. No hay más que ver la evolución y diversificación de tipos de turismo que en los últimos tiempos han nacido, fruto de los cambios en los gustos y las necesidades de nuestra sociedad.

TYPES OF TRAVELERS / TIPOS DE VIAJEROS:

- *Incentive tourist* / Turista de incentivo.
- *Eco-tourist* / Ecoturista.
- *Leisure tourist* / Turista de ocio.
- *Religious tourist* / Turista religioso.
- *Sport and recreation tourist* / Turista deportivo y recreativo.
- *Backpacking or youth tourist* / Turista juvenil o mochilero.
- *Special interest tourist* / Turista de intereses especiales.
- *Health or medical tourist* / Turista médico o de salud.
- *Business tourist* / Turista de negocios.
- *Educational tourist* / Turista educativo.
- *Adventure tourist* / Turista de aventura.
- *Cultural tourist* / Turista cultural.

En la siguiente tabla, que usaremos como herramienta de soporte bilingüe durante todo el curso, identificamos las diferentes **modalidades de turismo**, todas ellas basadas en las aficiones y debilidades que una persona puede desarrollar, de ahí que algunos de ellos incluso nos sorprendan:

TYPES OF TOURISM TIPOS DE TURISMO
Adventure tourism / **Turismo de aventuras** *To explore distant places or to do extreme activities: trekking, snorkelling, skydiving, paragliding, bungee jumping, kayaking, glacier climbing, scuba diving, orienteering, hiking, rafting, caving, hot air ballooning.* Explorar lugares lejanos o practicar deportes extremos como: senderismo, buceo de superficie, caída libre, salto al vacío, kayak, escalar glaciares, submarinismo, orientación, caminatas, bajada de rápidos, vuelo en globo, etc.
Cultural tourism / **Turismo cultural** *This kind of tourism involves the culture of a particular country or region: to learn about history, art and people's lifestyles visiting museums, monuments.* Este tipo de turismo involucra la cultura de un país o región en particular: aprender sobre su historia, arte y estilos de vida de su gente visitando museos, monumentos, etc.
Ecotourism / **Ecoturismo** *It involves travelling to undisturbed areas of natural beauty: rainforest, jungle, mountains, riverbanks...What it means to take ethical and responsible trips to natural environments.* Consiste en viajar a áreas vírgenes de belleza natural: un bosque tropical, la jungla, sierras, riberas de ríos, etc. Lo que significa hacer viajes éticos y responsables a entornos naturales.
Educational tourism / **Turismo educativo** *To learn something, for example, a foreign language.* Viajar para aprender algo, por ejemplo, un idioma extranjero.
Backpacking tourism / **Turismo mochilero** *Backpacking tourists look for the cheapest way to enjoy their travels. They are tourists with a romantic perspective and philosophy that highlight the journey but not the destination. Gap year tourism is a subtype, such as end-of-studies trips or career breaks.* El turista de mochila busca la forma más económica de disfrutar del viaje. Es un tipo de turista con una actitud y filosofía romántica que pone en valor el camino recorrido más que el propio destino al que se dirige. Dentro de este existen distintos subtipos como el sabático, propio de final de carrera o de paréntesis laboral.
Health tourism / **Turismo de salud** *To look after your body and mind: spa resorts.* Viajes para cuidar de cuerpo y mente: balnearios.
Recreational tourism / **Turismo de recreo** *To relax and have fun: the beach.* Para relajarse y divertirse: la playa.
Religious tourism / **Turismo religioso** *To celebrate religious events or visit important religious places: Mecca for Muslims.* Viajar para celebrar eventos religiosos o visitar importantes lugares religiosos: la Meca para los musulmanes.
Sport tourism / **Turismo deportivo** *To play or watch different sporting events: the Olympic Games.* Viajes para jugar o ver diferentes eventos deportivos: los Juegos Olímpicos.
Winter tourism / **Turismo de invierno** *Holidays to resorts where there is snow to do skiing or snowboarding.* Vacaciones para alojarse donde haya nieve para practicar esquí o snowboard.

Business tourism / **Turismo de negocios**
Attending meetings, conferences, seminars, visiting exhibitions and trade fairs.
Asistir a reuniones, conferencias, seminarios, visitar exposiciones y ferias comerciales.
Gastronomy tourism / **Turismo gastronómico**
Food is one of the key components of tourism. Enotourism or wine tourism is included here.
La comida es una de las claves del turismo. El enoturismo o turismo del vino está incluido aquí.
Dark tourism / **Necroturismo**
Tourism referred to as grief tourism, black tourism and thanatourism. It involves visiting those places and sites which have been witnesses to some of the major tragedies in history.
Turismo conocido como turismo de luto, turismo negro o tanatoturismo. Consiste en la visita de lugares y enclaves que han sido testigos de algún gran desastre de la historia.
Virtual tourism / **Turismo virtual**
Technology breaks into tourism helping and expanding the information channels of tourists as well as the possibility of visiting the destination before the trip or interacting with it thanks to augmented reality.
La tecnología irrumpe en el turismo facilitando y ampliando las vías de información del turista, así como la posibilidad de visualizar el destino antes del desplazamiento o interactuar con él gracias a la realidad aumentada.

El sector turístico está formado por todas aquellas empresas cuya actividad está relacionada directamente con el turismo. Aquellas otras que durante la estancia del turista en un destino contribuyan a mejorar su experiencia también están comprendidas dentro del sector.

The tourism sector includes all the activities that contribute to improving the user experience
El sector turístico incluye todas las actividades que contribuyen a mejorar la experiencia del usuario

Por lo tanto, la siguiente clasificación de **empresas del sector turístico** nos ayudará a entender la magnitud del sector y lo que significa convertir un lugar en destino turístico:

- *Tourist companies* / **Empresas turísticas:**

   o Empresas de alojamiento hotelero y extrahotelero / *Accommodations.*

- o Empresas de restauración-cafetería-bar / *Catering companies.*
- o Empresas de intermediación turística como las agencias de viajes y las centrales de reserva / *Intermediary services.*
- o Empresas de información turística como las oficinas de turismo / *Tourist information offices.*
- o Empresas de transporte aéreo, marítimo y terrestre / *Transport companies: air transport, sea transport, land transport.*

- • *Additional companies* / **Empresas complementarias.** Enriquecen el destino turístico haciéndolo más atractivo:

  - o Empresas de esparcimiento y cultura / *Entertainment and culture companies*: teatros *(theatre)*, cines *(cinemas)*, casinos *(casinos)*, instalaciones deportivas *(sports facilities).*

- • *Support companies* / **Empresas de apoyo**. Cubren las necesidades básicas del turista y hace que disfrute su estancia en el destino:

  - o Infraestructuras / *Facilities:* carreteras *(roads)*, iluminación de calles *(lighting systems)*, abastecimiento de servicios mínimos *(basic supplies).*
  - o Sanidad / *Healthcare:* servicios de urgencias *(urgency services)*, farmacias *(pharmacies).*
  - o Limpieza y mantenimiento / *Cleaning and maintenance service*: de instalaciones públicas *(public facilities)*, jardines *(gardens)* y parques *(parks).*
  - o Seguridad / *Public safety:* policía *(police)* y cuerpos de seguridad del estado *(national security).*

Los productos turísticos están vinculados a conceptos como el patrimonio artístico y monumental de una ciudad, los recursos naturales de una región e incluso con la oferta turística de una localidad.

Sin embargo, cuando hacemos referencia a los servicios turísticos, hablamos de aquellos bienes y servicios que son ofrecidos por empresas del sector turístico que, mediante la organización de viajes y contratación de actividades y servicios complementarios consiguen la satisfacción de las necesidades del turista.

Es el turista, por tanto, la pieza clave a mimar de este puzle. De ahí la importancia de hablar su propio idioma para descubrir qué necesita, comprender qué le ocurre y, aún más importante, conversar con él sobre su experiencia para poder mejorar nuestros propios productos y servicios.

Why tourism matters? Tourism brings country´s growth and development
¿Por qué importa el turismo? El turismo trae crecimiento y desarrollo del país

 **Importante**

Los recursos idiomáticos hacen que la relación con el turista internacional sea más fácil, efectiva y duradera, ya que aporta confianza y calidad a la misma. Esta habilidad mejorará las relaciones con el cliente sumando valor al negocio.

1.1. Características del producto o servicio turístico

Para presentar un producto o servicio de manera atractiva y eficiente a nuestra clientela potencial, es fundamental conocer las características propias del producto que manejamos.

Debemos "desmontar" de tal manera nuestro producto que una vez lo volvamos a "montar" sea con el objetivo de conseguir el mejor producto vendible.

En la siguiente tabla podemos ver algunas de las características más significativas del producto o servicio turístico:

TOURIST SERVICE FEATURES **CARACTERÍSTICAS DEL SERVICIO TURÍSTICO** *LISTENING* 🔊 Audio1_1	
Intangible **Intangible**	*It can't be seen before its purchase.* No puede percibirse mediante los sentidos en el momento de la compra.
Highly perishable **Alta caducidad**	*The tourism products can't be stored. If it isn't sold, it's lost.* No es almacenable. Producto no vendido, producto perdido.
Psychological **Subjetivo**	*The customer takes an important part of the production. His satisfaction depends on how he uses it.* El cliente participa en la producción, por tanto, su satisfacción depende del uso que él mismo le dé.
Heterogeneous **Heterogéneo**	*This service can't be provided by a single company. It is a summary of several products that make a final tourism product.* Intervienen varios proveedores y productos o servicios para completar un producto final.
Simultaneous **Simultáneo**	*It can't be separated production and consumption, hence its special vinculation between dealers and customers.* No puede separarse su producción y su consumo, de ahí la especial vinculación entre proveedor y cliente.
Seasonal **Marcada estacionalidad**	*Related to a greater demand concentrated in certain times of the year.* Referida a la concentración de la demanda turística en determinadas épocas del año.

Una vez conocidas estas características, podemos elaborar planes de comercialización eficaces y diseñar campañas publicitarias mostrando las ventajas de nuestro producto frente a las necesidades del cliente.

Para ello, es fundamental disponer de un banco de palabras y adjetivos que nos permita describir nuestro producto de forma detallada, destacando las palabras clave que ayudan a que las estrategias de posicionamiento logren una ventaja competitiva sostenible.

En primer lugar, vamos a conocer el vocabulario relacionado con los servicios turísticos que ofrecen la comercialización de medios de transporte.

TRANSPORTS
TRANSPORTES

LISTEN AND REPEAT 🔊 Audio1_2

ROAD / CARRETERA		RAIL / FERROCARRIL	
Car	Coche		
Bus	Autobús		
Coach	Autocar		
Tram	Tranvía	*High-speed train*	Tren de alta velocidad
Lorry	Camión	*Train express*	Tren exprés
Van	Furgoneta		
Moped	Moto		
Bike	Bici		
Taxi / cab	Taxi		
Tube	Metro		

SEA / MARÍTIMO		AIR / AÉREO	
Ferry	Ferry		
Yacht	Yate	*Aircraft*	Avión
Cruise ship	Crucero	*Jumbo jet*	Avión jumbo
Boat	Barco	*Helicopter*	Helicóptero
Sailboat	Velero		

A continuación, se presentan un conjunto de útiles adjetivos positivos para su descripción:

USEFUL ADJECTIVES
ADJETIVOS ÚTILES

LISTENING 🔊 Audio1_3

Empty ≠ crowded	Vacío ≠ abarrotado
Comfortable	Cómodo
Uncomfortable	Incómodo
Reliable	Fiable
Dangerous	Peligroso
Safe	Seguro
Fast/rapid/quick	Rápido
Slow	Lento
Cheap/low-priced	Barato
Expensive/pricey	Caro
By sea	Por mar
By car	En coche
By air	Por aire
On the road	Por carretera
Environmentally friendly/green	Ecológico

En la siguiente lista se muestran los términos relacionados con los servicios de alojamiento y los servicios e infraestructuras que podemos encontrar en las habitaciones, seguidos de los adjetivos útiles que pueden aplicarse a los mismos.

〰〰〰〰〰〰〰〰〰〰〰〰〰〰〰〰〰〰〰〰〰〰〰〰〰〰

ACCOMMODATIONS
ALOJAMIENTOS

LISTEN AND REPEAT 🔊 Audio1_4

Hotel	Hotel	*Suitcase*	Maleta
Motel	Motel	*Backpack*	Mochila
Hostel	Hostal	*Free parking*	Parking gratuito
Youth Hostel	Albergue juvenil	*Laundry service*	Servicio de lavandería
B&B	Bed and breakfast	*Room*	Habitación
Guest house	Casa de invitados	*Air conditioning*	Aire acondicionado
Resort	Complejo turístico	*Heating*	Calefacción
Campsite	Camping	*Single/double bed*	Habitación individual/doble
Farm stays	Estancias en granjas	*Queen-size bed*	Cama de matrimonio extra
To book	Reservar	*Bed-sheets*	Sábanas
Reservation	Reserva	*Blankets*	Mantas
To arrange	Organizar	*Mattress*	Colchón
Arrangements	Preparativos, planes	*Free wifi*	Wi-fi gratuito
Luggage	Equipaje	*Hair dryer*	Secador de pelo
To pack	Hacer maletas	*Key card*	Tarjeta llave
To unpack	Deshacer maletas		

〰〰〰〰〰〰〰〰〰〰〰〰〰〰〰〰〰〰〰〰〰〰〰〰〰〰

USEFUL ADJECTIVES ADJETIVOS ÚTILES			
LISTENING 🔊 Audio1_5			
FACILITIES can be: Las INSTALACIONES pueden ser:		**ROOMS can be:** Las HABITACIONES pueden ser:	
Trendy	De tendencia	*Clean*	Limpias
Modern	Modernas	*Tidy*	Ordenadas
Old-fashioned	Anticuadas	*Warm*	Acogedoras
Ancient	Viejas	*Beautiful decorated*	Decoradas con gusto
Overpriced	Sobrevaloradas	*Tastefully furnished well-appointed*	Amuebladas con buen gusto y bien equipadas
Affordable	Asequibles	*Spacious*	Espaciosas
Available	Disponible	*Bright*	Luminosas
Full	Llenas		
Complete	Completas		
Popular	Conocidas		
Recommended	Recomendadas		
Well-run	Bien dirigidas		

Describir los destinos y lugares turísticos es fundamental si queremos mostrar de forma atractiva nuestro entorno, ya que puede ser un valor añadido indiscutible:

〰〰〰〰〰〰〰〰〰〰〰〰〰〰〰〰〰〰〰〰〰〰〰〰〰〰〰〰〰

TOURIST PLACES
LUGARES TURÍSTICOS

LISTEN AND REPEAT 🔊 Audio1_6

AIRPORT AEROPUERTO		DESTINATIONS DESTINOS		NATURAL ENVIRONMENTS ENTORNOS NATURALES	
Plane	Avión	*Tourist attraction festivals*	Festivales de atracción turística	*National parks*	Parques nacionales
Flight	Vuelo	*Arts & crafts*	Arte/artesanía	*River*	Ríos
To fly	Volar	*Carnival*	Carnaval	*Riverbank*	Riberas de ríos
To land	Aterrizar	*Parades*	Cabalgatas	*Lakes*	Lagos
To take off	Despegar	*To go sightseeing*	Ver monumentos	*Cliff*	Acantilado
Check-in counter	Mostrador de llegadas	*Monuments*	Monumentos	*Coasts*	Costas
Two hours early	Dos horas antes	*Castle*	Castillo	*Beach*	Playa

Passenger	Pasajero	**Art galleries**	Galerías de arte	**Ocean**	Océano
Boarding pass	Tarjeta de embarque	**Historic sites**	Sitios históricos	**Islands**	Islas
Passport	Pasaporte	**Museums**	Museos	**Bay**	Bahía
Customs	Aduanas	**To go shopping**	Ir de compras	**Mountains**	Montañas
To declare	Declarar	**Nightclubs**	Clubs nocturnos	**Forest**	Bosques
Flight attendants	Asistentes de vuelo	**Casinos**	Casinos	**Meadows**	Prados
Baggage claim area	Reclamación equipajes	**Sports centres**	Gimnasios	**Jungle**	Jungla
Departure lounge	Sala espera salidas	**Stadiums**	Estadios	**Field**	Campo
Boarding gate	Puerta de embarque	**Zoos**	Zoos	**Hill**	Monte
Aisle seat	Asiento de pasillo	**Theatre**	Teatro	**Landscapes**	Paisajes
Window seat	Asiento de ventana	**Cinemas**	Cines	**Glacier**	Glaciar
		Concert halls	Conciertos		

~~~~~~

USEFUL ADJECTIVES
ADJETIVOS ÚTILES

LISTENING 🔊 Audio1_7

PLACES can be:
Los LUGARES pueden ser:

Interesting	Interesantes	**Gorgeous**	Magnífico
Remarkable	Extraordinarios	**New**	Nuevos
Rewarding	Enriquecedores	**Wonderful**	Maravillosos
Enjoyable	Divertidos	**Great**	Grandes
Magical	Mágicos	**Fantastic**	Fantásticos
Breathtaking	Sobrecogedores	**Incredible**	Increíbles
Special	Especiales	**Bright**	Brillantes
Exclusive	Exclusivos	**Quiet**	Tranquilos
Exhilarating	Emocionantes	**Amusing ≠ boring**	Divertidos ≠ aburridos
Exotic	Exóticos	**Crowded**	Abarrotados
Unique	Únicos	**Stressful**	Estresantes
Amazing	Sorprendentes	**Peaceful**	Llenos de paz
Beautiful	Preciosos	**Relaxing**	Relajantes
Excellent	Excelentes		

LOCATIONS can be: Las LOCALIZACIONES pueden ser:	
Beachside	Playas
On the top of the hill	En la cima de la montaña
Central located	Zona centro
Well-located	Bien localizado
Picturesque setting	Entorno pintoresco
Ideally placed	Idealmente situado

Beachside holidays are the most popular for families
Las vacaciones en la playa son las más populares para las familias

A continuación nos sumergimos en el mundo de las Agencias de Viajes para conocer sus principales productos y servicios junto a los adjetivos necesarios para su descripción:

〰〰〰〰〰〰〰〰〰〰〰〰〰〰〰〰〰〰〰〰〰〰〰〰〰〰

TRAVEL AGENCY
AGENCIA DE VIAJES

LISTEN AND REPEAT 🔊 Audio1_8

Travel agent	Agente de viajes	*Flight tickets*	Billetes de avión
Package holiday	Todo incluido	*Vouchers*	Bonos
Vaccination card	Tarjeta de vacunas	*Date*	Fecha
Rent-a-car	Alquiler de coches	*Taxes*	Impuestos
Brochures	Folletos	*Insurance*	Seguro

〰〰〰〰〰〰〰〰〰〰〰〰〰〰〰〰〰〰〰〰〰〰〰〰〰〰

USEFUL ADJECTIVES ADJETIVOS ÚTILES			
LISTENING 🔊 Audio1_9			
FOR TRAVEL AGENTS AND TOURISM STAFF PARA AGENTES DE VIAJES Y PERSONAL DE TURISMO			
Gentle/kind	Amable/cordial	*Generous*	Generoso
Pleasant	Agradable	*Helpful*	Servicial
Funny	Divertido	*Friendly*	Afable
Smart	Listo	*Enthusiastic*	Entusiasta
Elegant	Elegante	*Sincere*	Sincero
Charming	Encantador	*Calm*	Tranquilo
Energetic	Enérgico	*Polite*	Educado
Eager	Dispuesto	*Loyal*	Leal
Reliable	Fiable	*Hard-working*	Trabajador

Travel! All you need is love & passport
¡Viaja! Todo lo que necesitas es amor y el pasaporte

 Importante

La imagen que proyecta nuestro servicio turístico refleja la utilidad y beneficios del mismo.

Conocer las reglas gramaticales que rigen los **adjetivos** en inglés es primordial si queremos desarrollar contenido profesional de calidad. A continuación se muestran, a modo de repaso, las normas básicas para profundizar en el uso de los adjetivos como recurso idiomático para definir las características del producto o servicio turístico.

Revise the basics: ADJECTIVES

Adjectives are words that describe the quality or states of being of nous: **green, amazing, big.** *They can also describe the quantity of nous:* **many, few.**

Adjectives modify or describe nouns, not verbs, adverbs or other adjectives.

The uses of adjectives. *They usually go before the nouns they modify, but we can also find them located after a noun or in the predicate:*
- **Before a noun:** *"This is a spacious room".*
- **After a noun:** *"We have rooms available".*
- **In the predicate:** *"The view is amazing".*

Adjectives come in three forms:

- **Absolute forms.** *E.g. "A good restaurant".*
- **Comparative forms:** *is formed by adding the suffix* **-er / -ier.** *For multi-syllable adjectives, we must add the word* **"more".** *E.g. "Your room is brighter and more beautiful than mine".*
- **Superlative forms:** *is formed by adding the suffix* **-est / -st.** *For multi-syllable adjectives add the word* **"most":** *"This is the coolest and the most modern hotel I've ever seen".*

A continuación se muestra un ejemplo de texto descriptivo correspondiente a un hotel en la Sierra de Málaga que nos ayudará a aplicar lo aprendido:

 **Listening**

Audio1_10

"Only about half an hour from the Costa del Sol, you will find at Juanar a totally different world with clear air, pine-forest, animals, flowers, and pure nature.

Comfortable rooms, some of them with their private fireplace and Jacuzzi. You can enjoy hiking along the pine trees tracks or taking pictures of Marbella from the mirador. At nights, after a typical dinner at the restaurant, you can choose between watch international TV or have a delicious coffee or liquor in our living-room."

"A solo media hora de la Costa del Sol, pero en un mundo totalmente diferente: tranquilidad, aire purísimo, bosques de pino, animales salvajes, flores y especies silvestres; ahí está el Refugio de Juanar.

Contamos con habitaciones confortables, algunas de ellas con chimenea privada y jacuzzi. Alrededor del hotel-refugio puede realizar paseos en el bosque de pinos o disfrutar de la vista de Marbella y el mar desde el mirador. Por las noches, después de una comida típica en el refugio ponemos a su disposición TV vía satélite o puede tomar café o licor al lado de la chimenea en el salón".

It's possible to convey a "warm experience" idea with an appropriate description
Es posible transmitir la idea de una cálida experiencia con la descripción adecuada

Truco

Es importante no obsesionarse con traducir "palabra por palabra" el texto elaborado en español al inglés. En muchas ocasiones, ni la expresión existe tal cuál en inglés o incluso puede llegar a no tener sentido ninguno para el angloparlante. Lo deseado es marcar los puntos a describir y destacar, realizar dos textos independientes, pero a la vez vinculados a esos puntos previamente definidos.

Es momento de ir más allá en el manejo del adjetivo. Estas nuevas funcionalidades aportarán nivel y credibilidad a nuestros textos.

- **Adjective + one / ones.** *We use one / ones after adjectives instead of repeating a singular or plural noun. We can't use them with uncountable nouns: "I've lost my suitcase. It's a big, blue one".*

- **One-syllable adjectives.** *Which end in -ed always use "more" and "the most" for comparatives and superlatives: "This restaurant is the most crowded one I've ever been".*

- **Some two-syllable adjectives.** *Can make comparatives and superlatives with -er and –est: narrow, polite, quiet, simple, and clever.*

- **"A bit" and "much" + comparative adjective:**
  - *We use **"a bit"** + **comparative adjective** to say that a difference is **small:** "This hotel is a bit more expensive than that one".*
  - *We use **"much"** + **comparative adjective** to say that a difference is **large:** "This restaurant is much quieter than the other one".*

Often a picture makes you travel
A menudo una foto te hace viajar

1.2. Medidas, cantidades y servicios añadidos

Toda prestación de servicio o venta de producto conlleva una medición. Según las características del propio producto o servicio pueden cuantificarse en unidades, noches, días, número de personas e incluso horas.

A continuación se especifica el vocabulario específico que le permitirá cuantificar los servicios turísticos ya conocidos.

MEASURES AND QUANTITIES
MEDIDAS Y CANTIDADES

LISTENING  Audio1_11

Mathematical operators

+	*To sum/ addition / plus*
-	*To subtract / subtraction / minus*
*	*To multiply / multiplication*
/	*To divide / division*
=	*Equal*
%	*Per cent*
Others expressions	*Altogether (total), in all (en total), more than (más de), less than (menos de)*

Currency

£	*Pound Sterling*
$	*US Dollar*
¥	*Japanese Yen*

Tourism acronyms

SGL	*Single room*	**DBL**	*Double room*	**EXB**	*Extra bed in room*
SV	*Sea view*	**GV**	*Garden view*	**PV**	*Pool view*
BB	*Breakfast only*	**HB**	*Half-board*	**FB**	*Full board*
PAX	*Passenger, travelers, occupant*	**N/S**	*No shows*		

Measures

1 inch (in)	*2,54 cm*	**1 gallon (gal)**	*4,564 l*
1 foot (ft)	*12 inches = 30,48 cm*	**1 pound (pound - lb)**	*453,59 g*
1 yard (yd)	*3 feet = 91,44 cm*	**1 stone**	*14 pounds = 6,348 kg*
1 mile (mi)	*1760 yards = 1609,344 m*	**1 ton**	*1016 kg*
1 pint (pt)	*0,568 l*		

Los servicios añadidos del producto turístico tienen que ver con la propuesta de valor que una empresa imprime en sus productos, de manera especial, con la finalidad de crear una marca, imagen o seña de identidad, que haga que los clientes se identifiquen de alguna manera con ella, y finalmente, se decidan por sus productos frente a los de la competencia.

Dividamos el sector turístico en 3 bloques de empresas turísticas para ejemplificar los servicios añadidos a los que nos referimos.

ACCOMMODATIONS VALUE ADDED SERVICES SERVICIOS DE VALOR AÑADIDO EN ALOJAMIENTOS
Pick-Up/Drop-Off Service / **Servicio lanzadera** *Some hotels offer a complimentary pick-up and drop-off service for their guests. They create a regular schedule for helping the guests to make plans.* Algunos hoteles ofrecen este servicio complementario a sus huéspedes. Los crean un horario establecido para ayudar a sus huéspedes a planear sus actividades.
Offering discounts, gifts and last minutes offers/ **Ofrecer descuentos, regalos y ofertas de último minuto** *Offering a gift to your guests is the easiest and the most effective way to amaze them.* Ofrecer un regalo a sus huéspedes es la manera más fácil y efectiva de sorprenderlos.
Luggage forwarding/ **Despacho de equipajes** *One of the main things that can make travel inconvenient is luggage. If you offer a luggage forwarding service, your guests can travel worry-free.* Una de las causa principales que pueden ser molestos en un viajes es el equipaje, Si se ofrece este servicio a sus huéspedes, estos podrán viajar sin preocuparse de esta carga.

TRAVEL AGENCIES VALUE ADDED SERVICES
SERVICIOS DE VALOR AÑADIDO EN AGENCIAS DE VIAJES

Customer Community / **Comunidad de clientes**

Communities can add customer value. The communities make possible for customers to exchange experiences with other customers. In communities, they are the main characters.

Las comunidades pueden aportar valor añadido. Hacen posible a los clientes intercambiar experiencias con otros clientes. En las comunidades, ellos son los protagonistas.

Personalization / **Personalizar**

Offering tailor-made tours that provide to the guests the confidence they need. Surveys and research questions are required in order to compile our guests' preferences.

Ofrecer tours hechos a medida ofrece a los clientes la seguridad que necesitan. Encuestas e investigaciones son necesarias para recopilar los gustos de nuestros clientes.

Pricing methods/ **Métodos basados en los precios**

It is the most important determinant of customer shopping decisions. Some Travel agencies offer volume discounts associate to loyalty cards or send newsletters explaining last-minute prices.

El precio es el determinante más importante de las decisiones de los clientes. Algunas agencias de viajes ofrecen un volumen de descuentos asociados a tarjetas de fidelidad o enviados en boletines explicando los precios último minuto.

TOURIST GUIDES VALUE ADDED SERVICES
SERVICIOS DE VALOR AÑADIDO EN GUÍAS TURÍSTICOS

Gamification/ **Ludificación**

Some tour guides innovate in the way they show their knowledge. Increasingly, they explain with pictures, items and activities that help tourists to understand and memorise all the information. They involve the group in the tour itself.

Algunos guías turísticos innovan en la forma que ellos muestran su conocimiento. Cada vez más, ellos explican con fotos, objetos y actividades que ayudan a los turistas a entender y memorizar toda la información. Ellos involucran al grupo en su propio recorrido.

Free pricing tours / Tours gratuitos

Nowadays, there are tour guides who wait in a predefined meeting point. Their tours haven't any fixed price. At the end of their services, the tourists pay freely and willingly an estimated amount.

Actualmente, hay guías turísticos que esperan en un punto de encuentro predeterminado. Sus tours no tienen un precio prefijado. Al final del servicio, los turistas pagan voluntaria y libremente una cantidad estimada.

 **Importante**

Los **valores añadidos** que ofreces a tus clientes no tienen por qué suponer una alta inversión económica o un gran esfuerzo. Pequeños "retoques" pueden marcar una gran diferencia.

Es momento de repasar los adverbios de tiempo, frecuencia, cantidad e intensidad.

Revise the basics: ADVERBS OF TIME, FREQUENCY, QUANTITY, INTENSITY

Adverbs provide information about how, where, when, to what degree, or how often an action takes place. They modify verbs, adjectives or other adverbs.

They are placed close to the word they modify.

ADVERBS OF FREQUENCY / ADVERBIOS DE FRECUENCIA					
LISTEN AND REPEAT 🔊 Audio1_12					
Sometimes	A veces	*Seldom*	Raramente	*Repeatedly*	Repetidamente
Often, frequently	Frecuentemente	*Never*	Nunca	*Continuously*	Continuamente
Every once in a while	De vez en cuando	*Again*	Otra vez	*One time*	Una vez
Always	Siempre	*Regularly*	Regularmente	*Irregularly*	Irregularmente
Permanently	Permanentemente	*Almost never*	Casi nunca	*Yet again*	Una vez más

ADVERBS AND EXPRESSIONS OF TIME / ADVERBIOS DE TIEMPO					
Today	Hoy	*Right now*	Ahora mismo	*At night*	Por la noche
Yesterday	Ayer	*Just now*	Justo ahora	*In the morning*	Por la mañana
Tomorrow	Mañana	*Recently*	Recientemente	*On Sundays*	Los domingos
In a minute / moment	En un minuto / momento	*Finally*	Finalmente	*Every week/ month*	Cada semana/ mes
Immediately	Inmediatamente	*At last*	Por fin	*Once a week*	Una vez a la semana
Already	Ya	*In the end*	Al final	*Next Friday*	El próximo viernes
The other day	El otro día	*Back then*	Antes	*Last week*	La semana pasada
Back in the day	Aquel día	*Future*	Futuro	*In 2019*	En 2019
Soon	Pronto				

ADVERBS OF QUANTITY / ADVERBIOS DE CANTIDAD					
Much / many	Mucho	*Not at all*	En absoluto	*Something*	Algo
Little / few	Poco / escaso	*Too much / too many*	Demasiados	*Everything*	Todo
Extremely	Extremadamente	*Quite*	Bastante	*Nothing*	Nada
Excessively	Excesivamente	*Barely*	Apenas	*Less*	Menos

ADVERBS OF INTENSITY / ADVERBIOS DE INTENSIDAD			
Very	Muy	*Really*	Realmente
Totally	Totalmente	*Incredibly*	Increíblemente
Almost	Casi	*Enormously*	Enormemente
Nearly	Casi	*A bit*	Un poquito

1.3. Condiciones de pago, servicios postventa y otros

La mayoría de las veces, cuando pensamos en formas de pago, lo hacemos pensando en cuál es la más interesante y conveniente para nosotros. Sin embargo, estamos olvidando al gran protagonista: **el cliente.**

En muchos casos, estos servicios y productos turísticos son abonados antes de ser consumidos, de ahí que si ofrecemos a nuestro cliente varias opciones de formas de pago, igualmente es un modo de definir una importante ventaja competencial.

Consumers want more choice when it comes to paying for their trips
Los consumidores quieren más opciones a la hora de pagar sus viajes

Veamos en la siguiente tabla las formas más comunes de pago que pueden ser solicitadas por los clientes nacionales e internacionales.

PAYMENT OPTIONS **OPCIONES DE PAGO**
LISTENING  Audio1_13

Cash (Pay cash) / Efectivo (Pagar en efectivo)

(Cash on delivery. Cash in advance)

It is the most commonly used payment in shops, restaurants, parking tickets, and train tickets, food and drinks vending machines.

(Pago contra reembolso. Pago por adelantado)

Es el medio de pago más común en tiendas, restaurantes, tickets de parking, billetes de tren, máquinas de *vending* de comida y bebidas.

Cheque (Pay by cheque) / Cheque

It is a paper linked to a current account. They are usually used to pay bills face-to-face.

Es un documento vinculado a una cuenta corriente. Se usan normalmente para pagar facturas de forma física, cara a cara.

Debit cards (pay by debit card) / Tarjetas de débito

They are linked to a current account and they are used to pay for goods and services everywhere, online and abroad. They could be: VISA, AMEX, MASTERCARD...

Están vinculadas a una cuenta corriente y son usadas para pagar productos y servicios en cualquier lugar, online y en el extranjero. Pueden ser: VISA, American Express, MASTERCARD...

Credit cards (pay by credit card) / Tarjetas de crédito

They allow people to buy goods and services on credit. They usually have a credit limit.

Permiten comprar productos y servicios a crédito. Normalmente tienen un límite fijado.

Prepaid cards (pay by prepaid card) / Tarjetas prepago

They are stores-value card people pre-load with credit before travelling abroad or before buying goods and services.

Son tarjetas recargadas con crédito antes de viajar al extranjero o antes de comprar productos y servicios.

Contactless card / Tarjeta sin contacto

They are debit or credit cards without the need for the card to be placed in a reader or have a PIN entered.

Son tarjetas de crédito o de débito sin necesidad de ser introducidas en el lector o introducir un PIN.

Internet/phoned transfers / Transferencias por internet/teléfono

Online banking is accessible via a computer, tablet or mobile phone.

El banco online es accesible vía ordenador, tableta o teléfono móvil.

Mobile / Móvil

The rise of the new technology has opened up many new ways to make payments and do your banking on the move.

El avance de la nueva tecnología ha abierto muchas nuevas maneras de pagar y de controlar tus cuentas en marcha.

Online bank makes business easily
La banca online hace negocios fácilmente

Además de las formas de pago, conocer otros términos y expresiones relacionados con el dinero puede ser de gran utilidad en el trato con el cliente.

MONEY EXPRESSIONS / EXPRESIONES MONETARIAS

LISTENING 🔊 Audio1_14

Current account *Account you use for most everyday business.*	**Cuenta corriente** Cuenta que se usa para la mayoría de las compras diarias.
Deposits *Money you pay before buying something to show you really want to buy it.*	**Depósitos, a cuenta** Cantidad de dinero que pagas antes de realizar una compra para demostrar que realmente quieres hacerla.
Expenses *Money you spend on things.*	**Gastos** Dinero que se gasta en comprar productos y servicios.
Finance *Find the money needed to pay for it.*	**Financiar** Préstamo para realizar pagos.
Be in the red *Have a negative amount of money in your account.*	**Estar en números rojos** Tener una cantidad negativa en la cuenta corriente.
VAT *Value added tax.*	**IVA** Impuesto sobre el valor añadido.
To have a refund *To return money in restitution or repayment.*	**Devolución** Devolver dinero por indemnización o prepago.
Receipt *A ticket of a purchase.*	**Recibo** Un ticket de compra.

Online banking is useful, safe, and saves the customer´s time
La banca online es útil, segura, y ahorra tiempo al cliente

El servicio posventa (en inglés *"After-sales services"*), es una fase valiosa del proceso de compra de cualquier servicio o producto. Es necesario crear un vínculo emocional con el cliente, a través de diversos canales, para provocar la necesidad de volver.

Las estrategias de comunicación posventa están íntimamente relacionadas con los servicios añadidos. Estos van desde la encuesta de satisfacción de los clientes en el momento y lugar en que se produce el consumo del mismo hasta la monitorización de los comentarios de los clientes en redes sociales para su posterior enmienda o mejora, en caso de que los resultados sean negativos.

Repasemos los tiempos verbales, presentes y pasados, necesarios para describir una situación de pago en la que se tenga que exigir un prepago para una reserva, una devolución a proveedores, o reclamar un recibo.

A. Revise the basics: THE PRESENT TENSES

*We use PRESENT SIMPLE to talk about (remember 3rd person **-s**):*
- **A regular habit or routine:** *"I work from Monday to Friday".*
- **A general truth or scientific fact:** *"Water boils at 100° Celsius".*
- **Stative verbs** *(verbs related to feelings, opinions, prices, measures, likes and dislikes, belong): "She doesn't think the hotel is beautiful".*

*We use PRESENT CONTINUOUS to talk about (**is/are** + verb **-ing**):*
- **An action which is happening now:** *"She's swimming".*
- **A temporary action:** *"I'm staying in a campsite this year".*
- **A definite plan in the future:** *"My family are leaving for Paris tomorrow".*

Ejemplo

PRESENT CONTINUOUS *(now, right now, at the moment, today)*	**PRESENT SIMPLE** *(always, every day, on Thursdays, sometimes, usually, at weekends, every week, normally)*
"We are sleeping" *"I am dancing"* *"She is watching TV"* *"He isn't crying"* *"They aren't learning"* *"I am not eating"*	*"I play tennis"* *"You work in an office"* *"He dances"* *"They go swimming"* *"I don't eat spinach"* *"You don't learn"* *"She doesn't watch TV"* *"They don't sing"*

B. Revise the basics: THE PAST TENSES

We use PAST SIMPLE to talk about (verb + **-ed** / 2nd column irregular verbs):

- **A completed action in the past:** *"I visited the museums last week"*.
- **A series of completed events in the past:** *"When I arrived to the hotel, the receptionist welcomed us with a flower"*.

We use PAST CONTINUOUS to talk about (**was/were** + verb **-ing**):

- **An incomplete action in progress at a specific time in the past:** *"At 11 o'clock last Tuesday, we were leaving the hotel with our friends"*.
- **An incomplete action interrupted by another action:** *"The waitress was taking order when a German tourist called her out loud"*.
- **Two incomplete actions in progress at the same time in the past:** *"The receptionist was talking on the phone while I was knocking on the door"*.

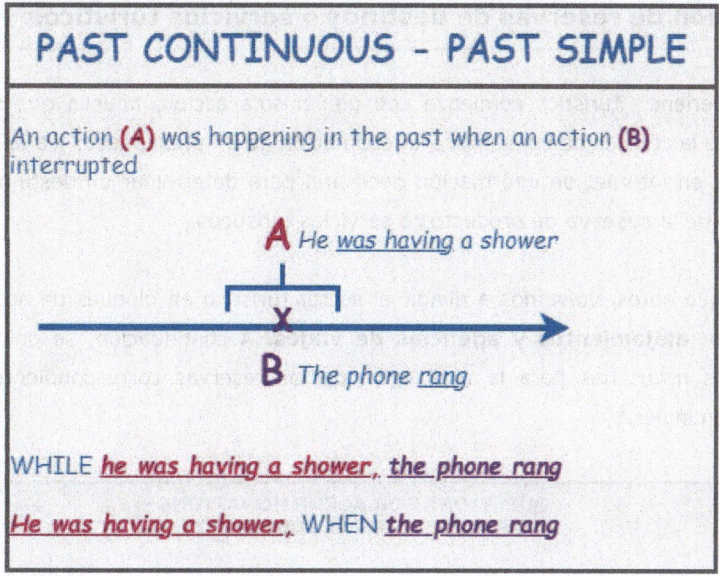

PAST CONTINUOUS - PAST SIMPLE

An action **(A)** was happening in the past when an action **(B)** interrupted

A He *was having* a shower

B The phone *rang*

WHILE *he was having a shower, the phone rang*

He was having a shower, WHEN *the phone rang*

---

*We use PRESENT PERFECT SIMPLE to talk about (**has/have** + present participle):*

- **An action that began in the past and continues until the future:** *"I am afraid, but you haven't made the deposit required, Sir".*
- **An action that took place at a determined time in the past, but is connected to the present:** *"Mary has booked a room on our behalf".*

*We use PAST PERFECT SIMPLE to talk about (**had** + present participle):*

- **A completed action which took place before another action in the past:** *"By the time you phoned her, we have just arrived to the hotel".*

 **Importante**

Managing verbal tenses correctly helps you to be a good professional.
Manejar correctamente los tiempos verbales te ayuda a ser un buen profesional.

2. Gestión de reservas de destinos o servicios turísticos

Toda experiencia turística comienza con una misma acción, aquella que sigue a la fijación de las fechas de consumo, a la estimación de un presupuesto y a la solicitud o búsqueda en internet de información necesaria para determinar un destino. Estamos hablando de la **reserva** de productos o servicios turísticos.

Al igual que antes, volvemos a dividir el sector turístico en bloques de actividad, en este caso: **alojamientos y agencias de viajes.** A continuación, se enumeran las cuestiones necesarias para la realización de las reservas correspondientes a cada servicio en inglés.

QUESTIONS FOR ACCOMMODATIONS
PREGUNTAS EN ALOJAMIENTOS

LISTENING  Audio1_15

Firstly, you must receive a booking request from your future guest. This request can be sent by email, phone or directly from your corporate website. The data you must take note are:
Primeramente, se recibe una petición de reserva de su futuro huésped. Esta petición puede recibirse por email, teléfono o directamente a través de la página web. Los datos que se deben tomar son:

Date of arrival / Date of departure:
Fecha de llegada y salida:

- *When do you arrive? What's the date of your arrival?*
  ¿Cuándo llega usted? ¿Cuál es la fecha de su llegada?
- *How long will you be staying for?*
  ¿Cuánto tiempo se quedará?
- *When do you leave? When are you planning to check out?*
  ¿Cuándo sale usted? ¿Cuándo tiene pensado salir?

Numbers of guests:
Número de personas:
- *How many people is the reservation for?*
  ¿Para cuántas personas es la reserva?

Type of room:
Tipo de habitación:
- *What type of room would you prefer?*
  ¿Qué tipo de habitación preferiría Ud.?
- *I have a double room available for tomorrow.*
  Tengo una habitación doble disponible para mañana.

Room rate:
Tarifa de habitaciones:
- *How much is…. per night? The rate for a…. is…. €.*
  ¿Cuánto cuesta… por noche? La tarifa para una… es de… €.

Further services:
Servicios adicionales:
- *Would you like half or full board?*
  ¿Le gustaría media pensión o pensión completa?

Confirmation:
Confirmación:
- *Could I take your name and your credit card number to confirm your reservation, please?*
  ¿Podría darme su nombre y número de tarjeta de crédito para confirmar su reserva, por favor?

🛎	24h. Reception	☎	Telephone and Fax
💼	Luggage storage	🐾	Pet Friendly
🚗	Concerted Garage	☕	Continental Breakfast (served)
📶	Free Wifi	🔌	Loan of Strips
📺	Cable TV	👔	Laundry and dry cleaning
ⓘ	Tourist informatión	🛗	Elevator
📚	Library	♨	Heating
🛍	African solidarity shop	🥤	Drinks 24h.
🛹	Free LongBoard and Skate	🚲	Free Bicycles

Hotel facilities often help in the choice
Las instalaciones de un hotel ayudan a menudo en la elección

TRAVEL AGENCIES QUESTIONS **PREGUNTAS EN AGENCIAS DE VIAJES**
LISTENING 🔊 Audio1_16

There are many types of services you can book in a travel agency: a train ticket, a hotel reservation, a car rented, but, on this occasion, we are displaying the expressions needed to book a flight ticket.
Hay muchos tipos de servicios que puedes reservar en una agencia de viajes: un billete de tren, una reserva de hotel, un coche de alquiler; pero en esta ocasión, vamos a exponer las expresiones necesarias para reservar un billete de avión.

Where are you travelling to? / What is your destination?
¿A dónde viaja usted? / ¿Cuál es su destino?

What date will you be travelling? / What is your travel date?
¿Qué fecha viajará usted? / ¿En qué fecha viajará usted?

Do you want to fly out of... airport?
¿Quiere volar desde el aeropuerto de...?

Would you prefer a morning or an afternoon flight? / What time of the day would you prefer to fly?
¿Prefiere un vuelo de mañana o de tarde? / ¿A qué hora del día prefiere usted volar?

Would you like to book a one way ticket or a return ticket? / Would you rather travelling first/business/economy class?
¿Quiere reservar un billete de ida o de ida y vuelta? / ¿Prefiere volar en primera clase, *business* o la económica?

I want to book a flight in the morning/afternoon.
Quiero reservar un billete para la mañana/tarde.

Your tickets will arrive by email within X days.
Sus billetes llegarán a su correo electrónico en X días.

Una vez vistas las expresiones en inglés necesarias para realizar una reserva de manera eficaz, veamos un modelo de conversación entre recepcionista y cliente, en el que utilizaremos las expresiones estudiadas.

 **listening**

Audio1_17

A BOOKING CALL

Receptionist	*Good morning, how can I help you?*
Client	*Good morning, I need a room.*
Receptionist	*What's the date of your arrival?*
Client	*I'll be there on the 1st of May.*
Receptionist	*How long will you be staying for?*
Client	*I'll stay for 3 nights and we'll be 3, 2 adults and a child.*
Receptionist	*I have a double room with an extra bed available from 1st may to 4th may.*
Client	*Please, let me know your rate per night.*
Receptionist	*The rate for a triple room is 120 € per night. Would you like half or full board?*
Client	*No, just breakfast.*
Receptionist	*Could I take your name and credit card number to confirm your reservation, please?*
Client	*Of course, my name's...*

LLAMADA PARA RESERVAR HABITACIÓN

Recepcionista	Buenos días, ¿en qué puedo ayudarle?
Cliente	Buenos días, necesito una habitación.
Recepcionista	¿Cuál es la fecha de entrada?
Cliente	Estaré allí el 1 de mayo.
Recepcionista	¿Cuánto durará su estancia?
Cliente	Me quedaré durante 3 noches y seremos 3, 2 adultos y un niño.
Recepcionista	Tengo una habitación doble con una cama supletoria disponible desde el 1 al 4 de mayo.
Cliente	Por favor, dígame su tarifa por noche.
Recepcionista	La tarifa para una habitación triple es de 120€ por noche. ¿Quiere usted media pensión o pensión completa?
Cliente	No, solo desayuno.
Recepcionista	¿Podría decirme su nombre y número de tarjeta de crédito para confirmar su reserva, por favor?
Cliente	Por supuesto, me llamo...

Smiling while talking on the phoned makes your voice warmer and friendlier
Sonreír mientras se habla al teléfono hace que su voz sea más cálida y cordial

Las conversaciones pueden cambiar dependiendo de si el cliente tiene claro o no lo que desea o necesita de antemano. En algunos casos, los diálogos pueden presentar variaciones y es necesario redirigir las decisiones del propio cliente, adaptando las preguntas con un único objetivo: satisfacer sus necesidades de la forma más beneficiosa para la empresa.

Con la práctica, estas conversaciones fluyen de manera natural, de manera que la respuesta de una pregunta lleva a la siguiente de automáticamente.

Llegados a este punto, es recomendable conocer las **preguntas indirectas** en inglés. Para los angloparlantes, una pregunta directa puede resultar un poco maleducada, sobre todo en situaciones formales. Por eso, estas estructuras nos permiten preguntar algo de manera más educada, menos abrupta.

Revise the basics: INDIRECT QUESTIONS

We must follow the affirmative sentences structures, so that, inversion and auxiliary verb are not needed.

Common ways to ask indirectly:
- ***Could you tell me...?***
- ***Do you know...?***
- ***Can you tell me...?***

- ***I wonder if you know...***
- ***I would like to know...***

Structure: **<u>CAN YOU TELL ME</u>** + **<u>IF / QUESTION WORD</u>** + **<u>SUBJECT</u>** + **<u>VERB?</u>**

- *"Can you tell me if you would be here after midnight?"*
- *"I wonder how much the laundry service cost".*
- *"I would like to know what time the restaurant closes".*

Ejemplo

- *Could you tell me **<u>if this place</u>** is far from here?*
- ¿Podría decirme **<u>si este lugar está</u>** lejos de aquí?

En el primer ejemplo, la pregunta original sería: *"Is this place far from here?"*

Volviendo al tema de la toma de datos e información necesaria para gestionar las reservas de destinos y servicios turísticos, es imprescindible que conozcamos la legislación que nos obliga a que dicho tratamiento se realice de la manera correcta.

Hablamos de la conocida como la **Ley Orgánica de Protección de Datos (LOPD) de 2018**. Es una normativa que regula la protección de datos del consumidor y que sustituye a la que actualmente está vigente. A esta nueva ley se le concedió un plazo bastante amplio de entrada en vigor para que las empresas se adapten sin causarles perjuicios. Por lo tanto, hasta el pasado 25 de mayo de 2018 estaban vigentes dos reglamentos: la Ley orgánica de Protección de Datos (LOPD) y el Reglamento de desarrollo de la misma (RD 1720/2007) y el RGPD (Reglamento Europeo de Protección de datos). La LOPD ha dejado de existir como marco de referencia y se implementa la norma europea.

Por otro lado, el 10 de noviembre de 2017, el Gobierno Español aprobó el proyecto de la nueva Ley Orgánica de Protección de Datos (LOPD), que viene a modificar y complementar el marco general que establece el Reglamento Europeo de Protección de datos.

El 7 de diciembre de 2018 marcó el momento de entrada en vigor de la LOPD (2018), aplicable en toda España al igual que en el resto de la Comunidad Europea, y afecta a cualquier empresa que opere en ella.

Las empresas que deben implementarla tienen que tener en cuenta los siguientes aspectos:

1. En cuanto a los **avisos de seguridad**, la LOPD (2018) aclara tres aspectos que las empresas debieron adaptar antes de la llegada de 2019:

   - La base legal del tratamiento de los datos debe estar especificada.
   - Los tiempos de retención de dichos datos también deben mostrarse al consumidor.
   - La información que se proporciona de manera obligatoria al usuario ha de ser clara y concisa para que este la comprenda.

2. En cuanto al **consentimiento del usuario**, la LOPD (2018) es bastante concisa: sólo podrá solicitarse al consumidor aquellos datos estrictamente necesarios para prestar el servicio. Este consentimiento debe ser activo y verificable, es decir, no se puede dar por hecho por silencio o inacción. Incluso, va más allá y recoge el **derecho al olvido**. Se trata de un derecho que permite al consumidor solicitar la eliminación de sus datos en determinadas circunstancias:

   - Que los datos se hayan recogido de manera ilícita.
   - Que los datos ya no sean necesarios.
   - Que se hayan retirado en la forma adecuada su consentimiento.

3. Las empresas que manejan datos de personas, como es el caso de las empresas turísticas deben llevar un registro **obligado de datos**. También están obligadas, en el caso de que traten estos datos de forma masiva, a nombrar la figura del **Delegado de Protección de Datos**, que será el responsable de comprobar que las prácticas habituales se ajusten a la normativa actual.

Anotación

Las sanciones, en caso de incumplimiento de la ley, están categorizadas según proporcionalidad, efectividad y efecto disuasorio, pudiendo alcanzar las multas importes entre los 10 y 20 millones de euros o entre el 2% y el 4% del volumen del negocio.

Es fundamental conocer los términos ingleses más frecuentes en materia de protección de datos que nos ayudarán a manejar las conversaciones y situaciones con clientes relacionadas con las prácticas de acciones derivadas de la LOPD.

LOPD (2018) CONCEPTS **CONCEPTOS DE LA LOPD (2018)** LISTENING 🔊 Audio1_18	
Applicable data protection law	**Ley aplicable a la protección de datos**
Categories of data *Some of them are Identity Data (name, address, telephone number, email, date of birth, nationality, age...), Academic data, Ideology data, labour data, etc.*	**Categorías de datos** Entre ellos los Datos de Identificación (nombre, domicilio, teléfono, correo electrónico, fecha de nacimiento, nacionalidad, edad...), datos académicos, datos ideológicos, datos laborales, etc.
Consent of the data subject *It's referred to a subject who expresses consent for processing his data through a clear affirmation action as a declaration.*	**Consentimiento del interesado** Se refiere a que un sujeto expresa voluntariamente su consentimiento para el proceso de sus datos a través de una acción afirmativa y clara como una declaración.
Data Controller	**Responsable del tratamiento de los datos** La persona que utiliza los datos recogidos.
Data Exporter	**Exportador de datos** Transfiere los datos tratados.
Data Process	**Tratamiento de datos** Cualquier operación que se realice con datos personales, de manera automatizada o no.
Data Subject	**Interesado** Titular de los datos sometidos a tratamiento.

Data Logging *Records of data collection, data tampering, data consulting, and data communication must be logged.*	**Almacenamiento de datos** Se debe conservar el registro de las operaciones de tratamiento en sistemas de tratamiento automatizado como la recogida, alteración, consulta y comunicación.
Personal Data *Any identity information.*	**Datos personales** Cualquier información considerada como información personal identificable.
Records of processing activities	**Registro de las actividades de tratamiento de datos**

legislación

La **Ley Orgánica 15/1999, de 13 de diciembre, de Protección de Datos de Carácter Personal (LOPD),** fue aprobada por las Cortes Generales el 13 de diciembre de 1999 y derogada con la entrada en vigor, el 6 de diciembre de 2018, de la Ley Orgánica 3/2018 de Protección de Datos Personales y garantía de los derechos digitales, que adapta la legislación española al Reglamento General de Protección de Datos de la Unión Europea.

3. Emisión de billetes, bonos y otros documentos propios de la comercialización de un servicio turístico

Los documentos generados en la comercialización de los servicios turísticos se clasifican en documentos externos e internos.

Los **documentos internos** *(internal documents)* están relacionados con la organización de la propia empresa turística. Suelen contener información confidencial referente a los datos personales de sus clientes y proveedores, las condiciones y términos de los contratos pactados con otras empresas del sector (comisiones) y aquellos en los que se recogen los datos fiscales y económicos de la propia empresa (beneficios).

Los impresos técnicos comunes en cualquier empresa turística son:

- *The booking form* / **Hoja de reserva.**
- *Service record* / **Expediente de servicio**.
- *Customer file* / **Ficha del cliente**.
- *Accounting documentation* / **Impresos contables**.

Los **documentos externos** *(external documents)* tienen carácter informativo y su función principal es especificar los servicios solicitados y las condiciones de la contratación de cara al consumidor.

A continuación se enumeran los principales documentos externos acompañados de una breve descripción:

A TRAIN / BUS TICKET:
They can show certain design differences between them, however, some information must appear:
- *Passenger's name and surname.*
- *ID card.*
- *Type of travel.*
- *Date / Time / Destination.*

UN BILLETE DE TREN / DE AUTOBÚS:
Pueden mostrar ciertas diferencias en el diseño, sin embargo, algunos datos deben aparecer:
- Nombre y Apellidos del pasajero.
- Carnet de Identidad.
- Tipo de viaje.
- Fecha / Hora / Destino.

Train ticket example
Ejemplo de billete de tren

A FLIGHT TICKET / AN E-TICKET:

It is an electronic record of the traveller's airline reservation. It should state the time, date and place of the flight, airport, seat assignment and travel class.

UN BILLETE DE AVIÓN / BILLETE ELECTRÓNICO:

Es un documento electrónico de una reserva de un vuelo emitido por una compañía aérea. Debe indicar la hora, fecha y lugar del vuelo, aeropuerto, tipo de asiento y la clase.

Boarding pass example
Ejemplo de tarjeta de embarque

THE VOUCHER:

It's a document issued by a travel agency for a tourism supplier as a hotel with all the booked services described.

EL BONO:

Es un documento emitido por una agencia de viajes contra un proveedor turístico, como un hotel, con todos los servicios reservados descritos.

VIAJES VIDA, S.A. C/. REYES CATÓLICOS, 4 41007 SEVILLA TLF: 4220326 / FAX: 4220327 C.I. AN-003-3-31	BONO DE SERVICIOS - EXCHANGE ORDER A/(TO): Hotel Las Góndolas. Tlf: 95/4238576 Dirección: C/. Canales, 24. Sevilla *(Adress)*	N.º _____
Sírvase facilitar a D./D.ª Agustín Fuentes *(Please provide to Mr./Mrs.)*	Adultos: 2 *(Adults)*	Niños: 1 *(Children)*

| Sello y firma oficina emisora.
(Stamp and signature issuing office.)

SERGIO. G.

Fecha: 12/DIC/02
(Date) | Los siguientes servicios/ *(The following services)*

1 habitación triple
Entrada: 22/diciembre/2002
Salida: 30/diciembre/2002
Régimen: Media pensión

                    Valoración: 802,57 €

Reservado confirmado por: César   Ref.:Fax   Pagadero por: Viajes Vida
(Reserved/Confirmed by)   *(Ref.)*   *(Payable by)* |

Voucher sample of a Travel Agency
Ejemplo de bono de Agencia de Viajes

En el bono de agencias de viajes debe aparecer:

1. La Agencia de Viajes claramente identificada con su: nombre, dirección completa, teléfono, correo electrónico y CIF (Código de Identificación Fiscal).
2. El proveedor del servicio turístico al que hay que presentar el bono: nombre, dirección completa, teléfono y correo electrónico.
3. Número de bono o localizador: será asignado por la agencia de viajes e identifica al cliente con cada uno de los servicios que ha contratado.
4. El cliente beneficiario del servicio turístico (nombre completo) y el número de personas que cubre el servicio turístico.

5. El servicio contratado de forma detallada: tipo de servicio, fechas de consumo, régimen alimenticio, extras, servicios adicionales...

6. La valoración del total de los servicios, que debe coincidir con el importe abonado por el cliente.

7. La persona responsable del bono y por tanto quién realizó el contacto con el cliente.

Saber expresar la **hora y la fecha** es algo básico en cualquier idioma. En nuestro caso, como profesionales del turismo, es vital.

Una confusión en estos conceptos puede provocar problemas, en algunos casos irreparables, como el *overbooking* (reservar más habitaciones disponibles de las existentes) o que el cliente pierda un vuelo por confundir la hora de salida. Esto no solo destruye la experiencia del cliente, sino que nos atribuye una mala imagen que es complicada de reparar.

This knowledge is essential to be professional in tourism sector
Este conocimiento es esencial para ser un profesional en el sector turístico

Revise the basics: TIME AND DATES

To talk about time and dates we have to manage properly with **numbers** (ordinals and cardinals), **days of the week, months of the year** and **prepositions**. This basic bank of words can help us to review this grammar point:

DAYS OF THE WEEK	MONTHS OF THE YEAR
WEEKDAYS: • Monday (Mon.) • Tuesday (Tue.) • Wednesday (Wed.) • Thursday (Thu.) • Friday (Fri.) **WEEKEND:** • Saturday (Sat.) • Sunday (Sun.) They should start with capital letters PLURALS OF THE DAYS' NAME are formed by adding an "-s" at the end of the word **PREPOSITIONS:** • On Mondays, At/On the weekends	• January (Jan.) • February (Feb.) • March (Mar.) • April (Apr.) • May (May.) • June (Jun.) • July (Jul.) • August (Aug.) • September (Sep.) • October (Oct.) • November (Nov.) • December (Dec.) They should start with capital letters SEASONS of the year: spring, summer, autumn or fall and winter **PREPOSITIONS:** • In May, in summer

HOW TO SAY THE DATE / CÓMO EXPRESAR LA FECHA

- For dates in spoken English, we always use **ordinal numbers**:
  - *"First of May"* (Uno de mayo).
  - *"Third of August"* (Tres de agosto).

Ordinal numbers show the order or sequence and they usually end with **-th.** We can find them in dates, centuries, and floors of a building:

 **Listening**

Audio1_19

- o *"First, Second, Third, Fourth, Fifth, Sixth, Seventh, Eighth, Ninth, Tenth..."* (Primero, Segundo, tercero...).
- o *"In the 16th (sixteenth) century"* (En el siglo XVI).
- o *"The swimming pool is on the second floor"* (La piscina está en la segunda planta).

- There are two ways of **giving the date** in English:

    1. **MONTH + DAY:** *"August 6 (US)".*

    2. **DAY + MONTH:** *"6th August (the rest of the world)".*

 Anotación

To avoid confusion, when we are writing an email or any other written form in English, it's better write the month as its name than its number.

- How to say the **YEARS?** Years are normally divided into two parts; the first two digits and the last two ones. For example: *"Twenty nineteen"* (2019).

- **ASKING AND ANSWERING FOR THE DATES:**

listening

Audio1_20

- *"What day is today?"* (¿Qué día es hoy?)
  - ✓ *"The date (today) is..."* (La fecha de hoy es...)
  - ✓ *"Today is..."* (Hoy es...)
- *"What date is it?"* (¿A qué día estamos?)
- *"What is today's date?"* (¿Cuál es la fecha de hoy?)
  - ▪ *"It is..."* (Es...).
- *"When is your birthday?"* (¿Cuándo es tu cumpleaños?)
  - ▪ *"It is on Saturday, the seventh of May"* (Es el sábado siete de mayo).
- *"When were you born?"* (¿Cuándo naciste?)
  - ▪ *"I was born the second of October, two thousand and five"* (2nd October 2005) (Nací el dos de octubre de dos mil cinco).

HOW TO SAY THE TIME / CÓMO EXPRESAR LA HORA

- *There are two common ways of telling the time:*

  1. **HOUR + MINUTES.** *For example: 9:34 "It's nine thirty-four".*

  2. **MINUTES + PAST / TO + HOUR.** *For example: 2:18 "It's eighteen past two"; 8:51 "It's nine to nine".*

     - *1-30 minutes, we use **PAST** after the minutes.*

     - *31-59 minutes, we use **TO** after the minutes.*

     - *When it is 15 minutes past: **(a) quarter past.***

     - *When it is 15 minutes before: **a quarter to.***

     - *When it is 30 minutes past: **half past.***

- **O'CLOCK:** *it is used when there are no minutes. For example: 10:00 "It's ten o'clock".*

- **12:00 EXPRESSIONS:**
  - *"Twelve o'clock"* (doce en punto).
  - *"Midday = noon (during the day)"* (mediodía).
  - *"Midnight (at night)"* (medianoche/de noche).

- **ASKING AND ANSWERING FOR THE TIME:**

 **listening**

Audio1_21

- ○ *"What time is it?"* (¿Qué hora es?) / *"What is the time?"* (¿Qué hora es?) / *"Could you tell me the time please?"* (¿Podría decirme la hora, por favor?).
  - ✓ *"It is half past ten"* (Son las 10 y media).
- ○ *"What time does the train to Seville leave?"* (¿A qué hora sale el tren hacia Sevilla?).
  - ✓ **Using AT + TIME:** *"The train leaves at midday"* (El tren sale a mediodía).
- ○ *"When does the film begin?"* (¿A qué hora empieza la película?).
  - ✓ 4AM *"At four o'clock in the morning"* (Las 4 de la mañana).
  - ✓ 4PM *"At four o'clock in the afternoon"* (Las 4 de la tarde).

Handling schedules is essential in a travel agency
Controlar horarios es esencial en una agencia de viajes

 **Sugerencia**

Practicar estas estructuras básicas con números, expresiones de fechas y horas para conseguir un dominio real de la lengua es la clave para mostrarse como un profesional confiado y seguro de sus conocimientos. Por lo que no es aconsejable menospreciar ningún punto básico gramatical.

Quién no se ha encontrado con la duda de qué palabra emplear para hablar de un viaje. Si buscas en el diccionario aparecen: *"tour", "journey", "excursion", "trip", "voyage"*..., mientras que *"travel"* significa viajar. Expongamos los matices que nos ayudarán a usarlos de manera adecuada.

TOUR	TOUR / RUTA / VIAJE
A visit to a place or area, especially one during which you look around the place or area and learn about it. • *"We went on a guided tour of Seville".*	Una visita a un lugar o área, especialmente para ver el lugar y aprender sobre él. • *"Seguimos una ruta/un tour guiado por Sevilla".*
A journey made for pleasure, especially as a holiday, visiting several different places in an area. • *"It's a lovely cycling tour of Grazalema".*	Una jornada por placer, especialmente como unas vacaciones, en la que se visita diferentes sitios en una misma zona. • *"Es una preciosa ruta en bici por Grazalema".*
A planned visit to several places in a country made for a special purpose. • *"Anne is on tour in France".*	Una visita organizada para visitar diferentes lugares en un mismo país por un motivo concreto. • *"Ana está de viaje por Francia".*

Por lo tanto, las características que hacen especial el uso de la palabra *tour* son:

- **Variedad:** se visitan varios monumentos o lugares en un mismo día o momento del día.
- **Propósito:** conocimiento y aprendizaje.

TRIP	VIAJE
A journey in which you go somewhere, usually for a short time, and come back again. • *"We're going on a trip to Spain this summer".*	Un periodo de tiempo en el que se viaja a algún lugar de corta duración y se vuelve de nuevo. • *"Vamos a ir de viaje a España este verano".*

En este caso, los aspectos diferenciales son:

- **Ida y vuelta:** se determina que es un viaje de ida y vuelta a un lugar determinado.

- **Corto espacio de tiempo:** marca el carácter de la ida y vuelta en espacio de un fin de semana, un puente o una semana de duración. Normalmente, coincide con periodos vacacionales escolares o laborales.

EXCURSION	EXCURSIÓN
A short journey or trip usually made for pleasure, often by a group of people. • *"My class is going on an excursion to Sierra Nevada".*	Viaje de corta duración normalmente realizado en grupo y por placer. • *"Mi clase va a una excursión a Sierra Nevada".*

Para la excursión, la característica fundamental es:

- **Corta duración:** viaje de medio día o un día completo.
- **Único destino:** se suele visitar un lugar o varios monumentos en el mismo lugar y cercanos unos de otros.

VOYAGE	VIAJE / TRAVESÍA
A long journey, especially by ship. • *"I travel to Barcelona on my first voyage".*	Un viaje largo, normalmente en barco. • *"Me dirijo a Barcelona en mi primer viaje en barco".*

Las condiciones del viaje para el uso de este término están bastante claras:

- **Larga duración:** se caracteriza por largos periodos de tiempo, quincenas o meses.
- **Transporte:** se deberán realizar en barco.

JOURNEY	VIAJE / TRAYECTO
The act of travelling from one place to another, especially in a vehicle. • *"I love going on long journeys".* *To travel to somewhere.* • *"As we journeyed north, the landscape became greener".*	El acto de viajar de un lugar a otro, utilizando un vehículo de transporte. • *"Me encantan los viajes largos".* Viajar a alguna parte. • *"Conforme viajamos hacia el norte, el paisaje se volvía más verde".*

Podemos decir que define la palabra *journey*:

- **Desplazamiento:** incluye un acto que implique moverse entre dos puntos.
- **Sinónimo de *"travel"*:** se puede usar como verbo que implica el viaje con desplazamiento en algún tipo de transporte.

Vocabulario

Travel: *to move or go from one place to another.*
Viajar: moverse de un lugar a otro.

Saber más

Varieties of travel: *excursion, tour, trip, journey, voyage, crossing, flight, picnic, exploratory trip, package tour...*
Means of transportation: *bus, coach, boat, ship, train, plane, bike...*

Diferenciemos, entonces, los términos anteriores:

- *"Travel"* es un verbo,*"journey"* y *"tour"* pueden utilizarse como sustantivos y como verbos, mientras que *"trip"* y *"excursion",* son sustantivos. Siempre hablamos de ellos en sus significados relacionados con el turismo.
- Para distinguir entre *"trip"* y *"voyage"*:
  - *"Trip":* se usa para hablar de toda la experiencia que implica el viaje. VIAJE + ESTANCIA + VISITAS, y puede ser un viaje corto o largo.
  - *"Voyage":* se usa para transportes en barcos, pero también para viajes difíciles y de larga duración como los realizados a la luna.
- *"Journey"* tiene dos falsos amigos en español: jornada *(work day)* y jornal *(wage).*
- *"Travel"* puede utilizarse también como adjetivo: *"travel expenses", "travel agency".*

- *"Traveled/traveling"* y *"travelled/travelling",* son perfectamente correctas. La primera versión es más utilizada en inglés americano, la segunda con la doble -*l* en inglés británico.

4. Negociación con proveedores y profesionales del sector de la prestación de servicios turísticos

 **Vocabulario**

Podemos definir la **negociación** como todo proceso dinámico de intercambio de información y compromisos entre dos o más partes, con intereses comunes, con el fin de llegar a un acuerdo comercial.

Normalmente entre las partes negociadoras existe una interrelación: cada parte tiene algo que atrae a la otra. Según esos intereses, se determinan estrategias para conseguir el máximo de beneficio por ambas partes.

Si la negociación es exitosa, se llegará a un acuerdo formal donde las partes se comprometen a cumplir con lo pactado.

A successful negotiation involves interpersonal and communication skills
Una negociación exitosa conlleva habilidades interpersonales y comunicativas

La clave para negociar con éxito consiste en combinar ambas habilidades para atraer el resultado deseado. Algunas de estas habilidades, conocidas en inglés como **"*soft skills*"** son:

SOFT SKILLS TO NEGOTIATE **HABILIDADES PARA NEGOCIAR** *LISTENING* 🔊 Audio1_22
PREPARATION *You have to know detailed information about the products and services of the other party. The power is always on the side of the best informed negotiator.* **PREPARACIÓN** Debe conocer cada información con detalle sobre los productos y servicios de la otra parte. El poder está siempre en el lado del negociador mejor informado.
PATIENCE *It is essential to be patient. Preparing good questions to envisaged situations make us be confident and keep calm.* **PACIENCIA** Es esencial ser paciente. Preparar buenas preguntas para situaciones previstas nos hace estar seguros y mantener la calma.
ACTIVE LISTENING *Listening attentively during the conversation is a value weapon to success in a negotiation. Although, the body language and the verbal communication play an important role.* **ESCUCHA ACTIVA** Escuchar atentamente durante la conversación es un arma valiosa para lograr en una negociación. Aunque, el lenguaje corporal y la comunicación verbal juegan un papel importante.
EMOTIONAL CONTROL *A good negotiator must handle his emotions under control. Losing control can break relationships forever.* **CONTROL EMOCIONAL** Un buen negociador debe manejar sus emociones bajo control. Perder el control puede romper relaciones para siempre.
VERBAL COMMUNICATION *Negotiators must be able to communicate clearly and efficiently to the other party. No time for confusions.* **COMUNICACIÓN VERBAL** Los negociadores deben ser capaces de comunicar de manera clara y eficiente a la otra parte. No es tiempo de confusiones.
RELIABILITY *Trust is the key. Both parties in a negotiation must trust that the other side will keep up with promises and agreements.* **FIABILIDAD** La confianza es la clave. Ambas partes en una negociación deben confiar que el otro lado se mantendrá al día con promesas y acuerdos.

Tras conocer las habilidades necesarias, es lógico que necesitemos enriquecer nuestro léxico para negociar de forma eficaz. El siguiente banco de términos nos ayudará a llevar a cabo una futura negociación.

∿∿∿∿∿∿∿∿∿∿∿∿∿∿∿∿∿∿∿∿∿∿∿∿∿∿∿∿∿∿∿∿∿∿

USEFUL EXPRESSIONS TO NEGOTIATE
EXPRESIONES ÚTILES PARA NEGOCIAR

LISTEN AND REPEAT 🔊 Audio1_23

Beginning the negotiation / Empezando la negociación

We would like to welcome you...	Nos gustaría darle la bienvenida a...
Let's get down to business	Vayamos al grano
Today we are going to talk about...	Hoy vamos a hablar sobre...

Expressing an opinion / Expresando opiniones

If you ask me...	Si me pregunta...
In my opinion...	En mi opinión...

Emphasizing a main point/ Destacando un punto principal

I would like to emphasize that...	Me gustaría enfatizar que...
This is an important point	Esto es un punto importante
We need to keep in mind that...	Necesitamos mantener en mente que...

Suggesting or accepting an offer or compromise / Sugerir o aceptar una oferta o compromiso

Would you consider...?	¿Consideraría...?
Why don't you...	Por qué no usted...
I think we can accept that...	Creo que podemos aceptar que...
What do you propose?	¿Qué propone?

Asking for information / Preguntar información

Can you give me some more information about...?	¿Puede darme más información sobre...?
What can you tell me about...?	¿Qué puede contarme sobre...?

Rejecting an offer or compromise / Rechazar una oferta o compromiso

I am afraid that's out of the question	Lo siento, eso está fuera de lugar.
Your proposal as it stands is not acceptable	Su proposición tal como se mantiene no es aceptable.

Requests / **Preguntas**

Do you think you could...?	¿Usted cree que podría...?
Could you...?	¿Podría...?
Would you be able to...?	¿Sería capaz de...?

Being firm / **Siendo firme**

I understand what you're saying, but...	Comprendo lo que dice, pero...

Being flexible / **Siendo flexible**

If you agreed to... we could reciprocate with...	Si usted está de acuerdo con... nosotros podríamos corresponderle con...
We would be willing to consider that	Estaríamos dispuestos a considerarlo

Clarifying / **Aclarando**

As I understand it, your offer is...	Tal como yo lo entiendo, su oferta es...
So what you are saying is...am I right?	Así que lo que usted dice es... ¿Estoy en lo cierto?

Agreeing / **Expresar acuerdo**

Yes, definitely	Sí, definitivamente
That's a good point	Ese es un buen acuerdo
I would go along with that	Estaría de acuerdo con eso

Disagreeing / **Expresar desacuerdo**

Nonsense	No tiene sentido
I beg to differ with you	Ruego diferir contigo

Concluding / **Concluyendo**

I think we've reached an agreement in this issue	Creo que hemos alcanzado un acuerdo sobre este tema
I think we have met halfway on this	Creo que hemos encontrado un punto medio sobre esto

∿∿∿∿∿∿∿∿∿∿∿∿∿∿∿∿∿∿∿∿∿∿∿∿∿∿∿∿∿∿∿∿∿∿∿

 Cita

"Las negociaciones suelen ir mejor cuando existe confianza. Es muy difícil negociar cuando ambas partes desconfían" - Samuel Johnson.

En el **proceso de negociación** pueden diferenciarse tres etapas: la etapa de planificación, la etapa de la negociación propiamente dicha y el análisis de los resultados.

La primera etapa de **planificación** contempla el diagnóstico de la situación, la estrategia a seguir y las tácticas que llevarán a la consecución de un pacto beneficioso para ambas partes. El diagnóstico es el punto de salida para recopilar toda la información posible en la que sostener las estrategias y las técnicas de la negociación.

Las estrategias están en las mentes de los negociadores, deben centrarse en la anticipación de las respuestas y preguntas de la otra parte negociadora, además de la firmeza en la consecución de objetivos. Mientras que las tácticas están en sus actos.

Negotiating is inventing your future
Negociar es inventar tu futuro

La segunda etapa o fase es la de la **negociación**, hablamos del momento en que todas las partes se sientan a presentar sus ofertas, condiciones y concesiones que son capaces de afrontar. Normalmente suele finalizar con la firma del contrato de colaboración entre todas las partes implicadas.

La tercera etapa es en la que se **analizan los resultados** obtenidos y en la que se marcan las mejoras en las estrategias y técnicas para las futuras negociaciones.

Hay otros aspectos que influyen en las negociaciones como el tipo de asunto a negociar, el estatus social, económico y político de los negociadores, el clima humano, los factores desencadenantes, el canal de comunicación empleado y el modo de negociación.

Recuerda

Para lograr con éxito una negociación, la clave está en la información que se maneja. Es necesario autoconocerse a la vez que ser el mejor en la búsqueda y recopilación de información sobre la otra parte negociadora.

5. Gestión de reservas de habitaciones y otros servicios del establecimiento hotelero

En apartados anteriores hemos tenido la oportunidad de conocer los datos necesarios para realizar correctamente una reserva en un hotel. Pero en un establecimiento hotelero, además del servicio de alojamiento y régimen de comidas, existen otros departamentos que ofrecen servicios complementarios a la estancia del cliente.

A la llegada del cliente al hotel, el primer departamento con el que tiene contacto es la **recepción**. En el mostrador de recepción se identificará como cliente del hotel y tendrá que presentar el documento que le garantiza que hizo la reserva con el hotel directamente (email) o bien el bono emitido por la agencia de viajes, en su caso.

A smooth check-in triggers a memorable stay
Una llegada sin incidentes augura una buena estancia

Este trámite es conocido como **registro de llegada** o ***check-in***. Identifiquemos las palabras y expresiones útiles para realizar este trámite en inglés:

CHECK-IN EXPRESSIONS	
EXPRESIONES UTILIZADAS EN EL REGISTRO DE LLEGADAS	
LISTENING 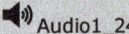 Audio1_24	
I would like to check-in, please.	Me gustaría registrarme, por favor.
I booked a room with…	Reservé una habitación con…
I have got a reservation.	Tengo una reserva.
Can I get your name, please?	¿Puede decirme su nombre, por favor?
Could you spell your surname for me, please?	¿Podría deletrear su apellido, por favor?
Could you just confirm your address?	¿Podría confirmarme su dirección?
Your mobile phone is…?	¿Su teléfono móvil es el…?
Do you have an email address, Mr/Mrs…?	¿Tiene dirección de correo electrónico?
You are staying with us for a total of…. nights, from… until…	Se aloja usted con nosotros un total de… noches, desde el… hasta el…
How would you like to pay, Mr./Mrs…?	¿Cómo le gustaría pagar, Sr/Sra.?
Enjoy your stay with us!	¡Disfrute su estancia con nosotros!

El **departamento de restaurante y cafetería,** ofrece a su vez, servicios que pueden ser contratados por el cliente durante su estancia. Estos pueden ser abonados en el momento o cargados en la factura general que recoge todos los servicios consumidos durante su estancia.

Occasionally, the restaurant is the real attraction in a hotel
En ocasiones, es el restaurante la verdadera atracción del hotel

Vamos a recoger los recursos idiomáticos necesarios para entablar conversaciones con los clientes en dicho departamento a la hora de realizar una reserva:

AT THE RESTAURANT EN EL RESTAURANTE	
LISTENING 🔊 Audio1_25	
I would like to make a reservation beforehand, please.	Me gustaría hacer una reserva anticipada, por favor.
I have booked a table.	He reservado una mesa.
I would like to book a table in the name of...	Me gustaría reservar una mesa a nombre de...
Can I get your name, please?	¿Puede decirme su nombre, por favor?
For how many people?	¿Para cuántas personas?
For when? / What time?	¿Para cuándo? ¿A qué hora?
Which kind of food is served?	¿Qué tipo de comida sirven?
Your table will be ready on Monday at 9 o'clock for 6 people.	Su mesa estará preparada el lunes a las 9 en punto para 6 personas.
I'm afraid, we have no tables available.	Lo lamento, no tenemos mesas libres.

Una vez realizada la reserva en nuestro restaurante debemos prepararnos para atender a nuestros clientes de la mejor forma posible. Llega el momento de presentarle nuestra carta, recomendarle platos típicos y especialidades de la casa, tomar comanda, servir comida y bebida, presentarle la cuenta y despedirle de manera educada y correcta invitándole a volver a vernos.

Las siguientes expresiones para el servicio de restauración y cafetería nos ayudarán a ofrecer un servicio de calidad a nuestros clientes extranjeros:

RECEIVING AT THE RESTAURANT RECIBIENDO EN EL RESTAURANTE	
LISTEN AND REPEAT 🔊 Audio1_26	
Have you got a reservation?	¿Tiene usted reserva?
Would you like to come with me, please?	¿Le importaría acompañarme, por favor?
Could you follow me, please?	¿Podría seguirme, por favor?
Will this table be all right?	¿Estará bien esta mesa?
Where would you like to sit?	¿Dónde le gustaría sentarse?
Your table's ready now. I'll bring you the menu.	Su mesa está ya lista. Le traeré la carta.

TAKING AN ORDER TOMANDO COMANDA	
Are you ready to order?	¿Está usted preparado para pedir?
Have you decided what you'd like?	¿Ha decidido que va a querer?
What would you like to drink?	¿Qué le gustaría tomar?
Would you like something to drink?	¿Querría tomar usted algo?
Today, we've got...	Hoy tenemos...
Today's special is...	El plato especial de hoy es...
Our chef's speciality is...	La especialidad de nuestro chef es...
Everything's à la carte.	Todo es a la carta.
I'll ask in the kitchen.	Preguntaré en cocina
I'm sorry there isn't/ aren't any... Would you like...?	Lo siento, no hay... Le gustaría...?
Perhaps I could suggest a/some...	Quizás pueda sugerirle un/unos...
Why don't you try...? It's delicious.	¿Por qué no prueba...? Está delicioso.
Is everything all right?	¿Está todo bien?
Would you like anything else?	¿Quiere usted algo más?

Traducir correctamente platos típicos de la zona o del país que todo turista busca en las cartas de restaurantes y bares es fundamental si no queremos aparecer en cadenas de "memes" o ser objeto de burlas entre nuestros clientes nacionales que conozcan el idioma inglés.

A good translation of a menu is as important as excellent products and services
Una buena traducción de un menú es tan importante como excelentes productos y servicios

Con el siguiente listado de vocabulario dominaremos la traducción de menús y cartas, además de ofrecer la imagen de profesionalidad y calidad apropiada para provocar que nuestros clientes repitan con nosotros.

∿∿∿∿∿∿∿∿∿∿∿∿∿∿∿∿∿∿∿∿∿∿∿∿∿∿∿∿∿

BASIC WORDS
PALABRAS BÁSICAS

LISTEN AND REPEAT 🔊 Audio1_27

Customer	Cliente	*Napkin*	Servilleta	*Cutlery*	Cubertería
Head waiter	Jefe de camareros	*Tablecloth*	Mantel	*Spoon*	Cuchara
Waiter	Camarero	*Table*	Mesa	*Fork*	Tenedor
Waitress	Camarera	*Chair*	Silla	*Knife*	Cuchillo
Chef	Jefe cocina	*Menu*	Menú	*Teaspoon*	Cucharilla
Board	Pizarra	*Dessert trolley*	Carrito de postres	*To serve*	Servir
Corkscrew	Sacacorchos	*Apron*	Delantal	*To pour*	Verter/servir líquidos
Ashtray	Cenicero	*Bow tie*	Pajarita	*To seat*	Sentarse
To take order	Tomar comanda	*Tip*	Propina		

VEGETABLES
VEGETALES

Garlic	Ajo	*Swede*	Colinabo	*Zucchini*	Calabacín
Leeks	Puerros	*Beet*	Remolacha	*Pumpkin*	Calabaza
Spring onions	Cebollas frescas	*White radish*	Rábano blanco	*Cauliflower*	Coliflor
Onions	Cebollas	*Ginger*	Jengibre	*Artichoke*	Alcachofa
Butter beans	Judías blancas	*Radishes*	Rabanitos	*Asparagus*	Espárrago
Green beans	Judías verdes	*Carrots*	Zanahorias	*Lettuce*	Lechuga
Broad beans	Habas frescas	*Turnips*	Nabos	*Spinach*	Espinacas
Peas	Guisantes	*Tubers*	Tubérculos	*Red peppers*	Pimientos rojos
Kidney beans	Frijoles	*Yam*	Boniato	*Green Peppers*	Pimientos verdes
Runner beans	Judías pintas	*Sweet potato*	Batata	*Aubergines*	Berenjenas
Beansprouts	Brotes de soja	*Potatoes*	Patatas	*Mushrooms*	Champiñones
Brussels Sprouts	Coles de Bruselas	*Cucumber*	Pepino	*Tomatoes*	Tomates
Root vegetables	Hortalizas				

FRUITS
FRUTAS

LISTEN AND REPEAT 🔊 Audio1_28

Berries	Bayas	*Clementines*	Clementinas	*Passion fruit*	Fruta de la pasión
Strawberries	Fresas	*Lemon*	Limón	*Persimmons*	Caquis
Cranberries	Arándanos	*Limes*	Lima	*Figs*	Higos
Blackberries	Moras	*Melon*	Melón	*Peaches*	Melocotones
Raspberries	Frambuesas	*Watermelon*	Sandía	*Nectarines*	Nectarinas
Gooseberries	Grosellas	*Tropical fruits*	Frutas tropicales	*Pears*	Peras
Grapes	Uvas	*Pineapple*	Piña	*Plums*	Ciruelas
Blueberries	Arándanos	*Mango*	Mango	*Kiwi Fruit*	Kiwi
Citrus fruits	Cítricos	*Coconuts*	Cocos	*Cherries*	Cerezas
Oranges	Naranjas	*Bananas*	Plátanos	*Apricots*	Albaricoques
Grapefruit	Pomelo	*Papaya*	Papaya	*Apples*	Manzanas

MEAT AND FISH
CARNE Y PESCADO

Chicken	Pollo	*Ribs*	Costillas	*Eel*	Anguila
Minced beef	Carne picada	*Roast*	Asado	*Halibut*	Mero
Steak	Filete	*Roastbeef*	Carne asada	*Herring*	Arenque
Fillet	Filete	*Stew*	Estofado	*King prawn*	Langostino
Bacon	Beicon	*Turkey*	Pavo	*Prawns*	Gambas
Sausages	Salchichas	*Liver*	Hígado	*Octopus*	Pulpo
Chop	Chuletas	*Veal*	Ternera	*Salmon*	Salmón
Brains	Sesos	*Breast*	Pechuga	*Sardines*	Sardinas
Ground meat	Carne picada	*Poultry*	Carne de ave	*Shrimp*	Camarón
Ham	Jamón	*Crab*	Cangrejo	*Snail*	Caracol
Kidneys	Riñones	*Mussels*	Mejillones	*Swordfish*	Pez de espada
Lamb	Cordero	*Lobster*	Langosta	*Trout*	Trucha
Meatballs	Albóndigas	*Clam*	Almeja		
Pork	Cerdo	*Atlantic cod fish*	Bacalao		

BREAKFAST MEAL
DESAYUNO

DAIRY PRODUCTS
PRODUCTOS LÁCTEOS

LISTEN AND REPEAT 🔊 Audio1_29

Toast	Tostadas	*Milk*	Leche
Coffee	Café	*Cheese*	Queso
Cereals	Cereales	*Butter*	Mantequilla
Muffins	Magdalenas	*Eggs*	Huevos
Marmalade	Mermelada	*Yogurt*	Yogur
Sugar	Azúcar	*Milkshakes*	Batidos
Iberic ham	Jamón ibérico		
Olive oil	Aceite de oliva		

TYPICAL PLATES
PLATOS TÍPICOS

Baked potatoes	Patatas al horno	*Scrambled eggs*	Huevos revueltos
Cheeseburger	Hamburguesa con queso	*Soup*	Sopa
French fries	Patatas fritas	*Sweet-spiced black sausage*	Morcilla
Lasagna	Lasaña	*Croquettes*	Croquetas
Macaroni	Macarrones	*Tomato sauce*	Salsa de tomate
Mashed potatoes	Puré de patatas	*Hot chocolate*	Chocolate caliente
Noodles	Fideos	*Cider*	Sidra
Mayonnaise	Mayonesa	*Fried milk*	Leche frita

NO TRANSLATION PLATES
PLATOS SIN TRADUCCIÓN

Tortilla Española

Gazpacho

Salmorejo

Pisto

Pulpo a la gallega

Paella

Gambas al ajillo

Gambas a la plancha

Sangría

Torrijas

Pestiños

Chicharrones

Leche merengada

Es recomendable hacer una breve introducción de sus ingredientes y cocinado o preparación.

Otros departamentos como el de pisos o el de mantenimiento, son necesarios para ofrecer un producto de calidad a los clientes. Sin embargo, también ofrecen otros servicios complementarios que pueden ser solicitados durante su estancia:

 **listening**

Audio1_30

- *Laundry services / dry cleaning*. **Servicio de lavandería / lavado en seco.**
- *Ironing / linen*. **Servicio de planchado / ropa de cama.**
- *Extra pillow / shoe shining*. **Almohada extra / limpieza de calzado.**
- *Packing and unpacking service*. **Hacer y deshacer maletas.**
- *Valet parking*. **Servicio de aparcamiento.**

Additional services make the difference
Los servicios añadidos marcan la diferencia

6. Cumplimentación de documentos propios de la gestión y comercialización de un establecimiento hotelero

Ya conocemos la hoja de reserva, como documento fundamental para gestionar la comercialización de un establecimiento hotelero. Si bien es cierto que detrás de este documento definitivo existen otros trámites documentales como la correspondencia previa a la reserva con el cliente.

El medio actual preferido para dicha tramitación es el **correo electrónico**, que sustituye al antiquísimo correo ordinario, las llamadas telefónicas y al casi desaparecido fax.

The favourite way to keep in contact with clients
El medio favorito para estar en contacto con clientes

Toda dirección de correo electrónico está formada por tres partes:
- Nombre de usuario.
- El signo arroba @ que significa "pertenece a".
- El dominio, el nombre del proveedor que da el correo y que es precedido por un punto.

Para poder entender y dictar direcciones de correos electrónicos disponemos de los siguientes signos y su traducción al inglés:
- **Arroba (@):** *at.*
- **Punto (.):** *dot.*
- **Guion (-):** *hyphen.*
- **Guion bajo (_):** *underscore.*

Ejemplo

Para verlo más claro, leamos las siguientes direcciones:
jack.carpenter-3@gmail.com: *jack **dot** carpenter **hyphen** three **at** "ge" mail **dot** com*
lisa_brown.5@gmail.com: *lisa **underscore** brown **dot** five **at** "ge" mail **dot** com*

En el siguiente banco de términos podemos ver vocabulario relacionado con internet y el correo electrónico.

~~~~~~

COMMON INTERNET AND EMAIL
CORREO ELECTRÓNICO Y CONCEPTOS DE INTERNET

Short for email address (edress)	Abreviatura de correo electrónico	*Brackets or round brackets ([])*	Corchetes
At (@)	Arroba	*Asterik (*)*	Asterisco
Underscore (_)	Guion bajo	*Back-slash (\\)*	Barra invertida
Dot (.)	Punto	*Forward-slash (/)*	Barra inclinada
Hyphon (-)	Guion	*Hash (#)*	Almohadilla
Upper-case (ABC)	Mayúsculas		

~~~~~~

Lo siguiente es escribir el correo electrónico. En inglés existen ciertas fórmulas de cortesía que se repiten de manera automática a lo largo del cuerpo del mismo. Quedan recogidas en la siguiente tabla:

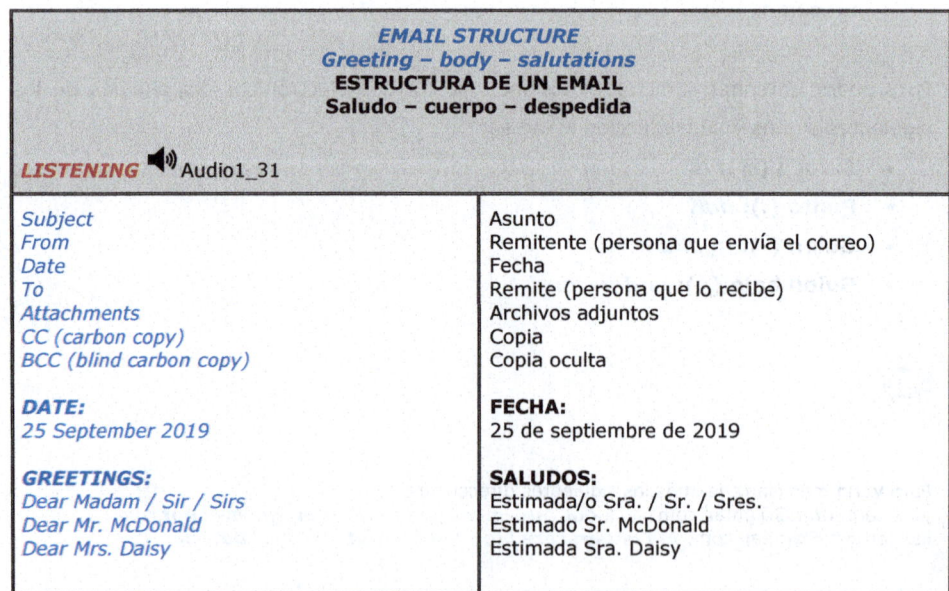

EMAIL STRUCTURE
Greeting – body – salutations
ESTRUCTURA DE UN EMAIL
Saludo – cuerpo – despedida

LISTENING 🔊 Audio1_31

Subject	Asunto
From	Remitente (persona que envía el correo)
Date	Fecha
To	Remite (persona que lo recibe)
Attachments	Archivos adjuntos
CC (carbon copy)	Copia
BCC (blind carbon copy)	Copia oculta
DATE:	FECHA:
25 September 2019	25 de septiembre de 2019
GREETINGS:	SALUDOS:
Dear Madam / Sir / Sirs	Estimada/o Sra. / Sr. / Sres.
Dear Mr. McDonald	Estimado Sr. McDonald
Dear Mrs. Daisy	Estimada Sra. Daisy

BODY:	CUERPO:
I am writing to you on behalf of...	Le escribo en nombre de...
I am contacting you to...	Contacto con usted para...
Regarding your email...	Según su email...
In reply to your email...	En respuesta a su email...
Would you please send me...?	¿Le importaría enviarme...?
I confirm your booking of...	Le confirmo su reserva de...
I regret to inform you that...	Lamento informarle de...
I look forward to hearing from you.	Espero tener noticias suyas.
If you have any questions, please, do not hesitate to contact us.	Si tiene alguna pregunta, por favor, no dude en ponerse en contacto con nosotros.
Thanks in advance.	Gracias de antemano.
SALUTATIONS:	**DESPEDIDA:**
Yours sincerely (addressee unknown)	Sinceramente
Yours faithfully (addressee known)	Atentamente
Regards, Take care (informal)	Saludos, Cuídese (informal)
SIGNATURE	**FIRMA**

Resumen

El producto turístico tiene una comercialización peculiar debido a sus características tan particulares. Conociendo sus características y estudiando la forma de sacarle el máximo provecho, se puede evitar, en la medida de lo posible, las dificultades propias del producto o servicio turístico.

Conocer las modalidades de turismo nos ayuda a englobar y clasificar la amplia oferta de las empresas turísticas, reconociendo la importancia de los servicios añadidos al conjunto de ellos.

La negociación es fundamental en el sector turístico porque todas las empresas son dependientes entre sí, por lo tanto dominar las técnicas de negociación nos hará ser competitivos.

Los trámites de reserva de alojamiento y restauración, así como la emisión de billetes de transporte, han tenido también cabida en esta unidad, acompañado de su correspondiente vocabulario.

En cuanto a la gramática, se ha repasado el adjetivo, los adverbios en todas sus clases, las preguntas indirectas y las formas verbales del presente y del pasado.

El amplio vocabulario referente a servicios de alojamiento y restauración dispuesto nos permite describir nuestros productos en inglés, y así crear folletos atractivos para el cliente.

Glosario

Bono
Papel, tarjeta o documento que se puede canjear por una cantidad de dinero, un objeto o un servicio.

Destino
Lugar objetivo de visita tras la decisión de realizar un viaje.

***Going further* ("yendo más allá")**
Título que se le da a las secciones donde se amplían los conocimientos gramaticales, introduciéndolo en contenidos correspondientes al nivel B2.

Habilidad
Capacidad de una persona para hacer una cosa correctamente y con facilidad.

Negociación
Proceso de intercambio de información y compromisos en el cuál dos o más partes, que tienen intereses comunes y otros divergentes, intentan llegar a un acuerdo.

Producto turístico
Conjunto de componentes tangibles e intangibles que incluyen recursos y atractivos equipamiento e infraestructuras, servicios y actividades recreativas e imágenes y valores simbólicos.

***Revise the basics* ("repasar las bases")**
Título que se le da a secciones donde se repasan los puntos básicos del recurso gramatical en cuestión, que para certificación de nivel B1 se consideran asumidos.

Sector turístico
Sector formado por todas aquellas empresas cuya actividad está relacionada directamente con el turismo.

Servicio añadido

Servicio complementario que se ofrece acompañando al principal y que trata de diferenciar el producto entre la competencia.

Turismo

Actividad recreativa que consiste en viajar o recorrer un país o lugar por placer o conjunto de personas que hacen ese tipo de viajes.

Ejercicios de autoevaluación

1. ¿Cuál de estas modalidades de turismo está relacionada con practicar deportes extremos?

   a. Winter Tourism.

   b. Religious Tourism.

   c. Adventure Tourism.

   d. Ecotourism.

2. ¿Qué tipo de empresas no están incluidas en el bloque de empresas que prestan apoyo al sector turístico?

   a. Hoteles.

   b. Centros de salud.

   c. Agencias de viajes.

   d. Centros de información turística.

3. ¿Cuál de estas características no pertenece al producto o servicio turístico?

   a. Highly perishable.

   b. Heterogeneous.

   c. Seasonal.

   d. Tangible.

4. ¿Qué bloque de palabras hace referencia a transportes marítimos?

   a. Lorry, car, taxi.

   b. Plane, aircraft.

   c. Yacht, boat, cruise.

   d. Moped, bicycle.

5. ¿Qué adjetivo utilizaríamos para decir que un producto o servicio está de moda?

   a. Recommended.
   b. Complete.
   c. Modern.
   d. Trendy.

6. ¿Cuál de estas medidas se puede utilizar para cuantificar una bebida?

   a. Pint.
   b. Yard.
   c. Inch.
   d. Stone.

7. ¿Cuál es el principal objetivo del valor o servicio añadido?

   a. Encarecer el producto.
   b. Diferenciar de la competencia.
   c. Dar menos por más.
   d. Contratar más personal.

8. ¿Cuál no es un adverbio de cantidad?

   a. Much.
   b. Barely.
   c. Sometimes.
   d. Less.

9. ¿Cómo se denomina la forma de pago que consiste en el pago con una tarjeta bancaria que no necesita ser introducida en la ranura del datáfono?

    a. Contactless Card.

    b. Phoned Transfers.

    c. Cash.

    d. Cheque.

10. ¿Cuál de estas habilidades no se considera una *"soft skill"* necesaria para negociar?

    a. Deep knowledge about computer.

    b. Patience.

    c. Active listening.

    d. Emotional control.

U. A. 2. Prestación de información turística en inglés

Introducción

La información turística se considera fundamental para el desarrollo del sector turístico en particular, y para el económico en general. Conocer cómo gestionar este servicio supone una gran ventaja puesto que forma parte del proceso productivo turístico.

El estudio y conocimiento, a nivel turístico, de un destino, una región o una localidad nos ofrecerá datos que nos guiarán en la previsión del tipo de visitante y turista que disfrutará de sus atracciones y, por tanto, del tipo de información adecuada para atenderlos.

El papel de los informadores turísticos es primordial, puesto que se convierten en los embajadores del recurso del que informan. De ellos depende, en la mayoría de los casos, la imagen de una ciudad o un país, más allá de sus fronteras.

Objetivos

- Conocer los Centros de Información Turística, los tipos de información que manejan y los servicios que ofrecen al visitante.
- Distinguir, de manera interna, los diferentes tipos de gestión de los Centros de Información Turística y las funciones del personal que trabaja en las mismas.
- Manejar el vocabulario en inglés necesario para interactuar de forma fluida con visitantes y turistas que demanden información.

1. Solicitud de cesión o intercambio de información entre centros o redes de centros de información turística

Vocabulario

La **información turística** es el hecho de poner en conocimiento del visitante la oferta de productos, servicios y recursos turísticos existentes en el lugar.

La información turística es esencial para todas aquellas personas que planifican sus viajes de forma independiente, ya que en los viajes organizados la información es facilitada por la entidad que lo organiza. La información que generalmente solicitan tiene que ver con la historia, geografía, centros de interés, gastronomía, medios de transportes públicos y privados, actividades culturales, folclóricas y lúdicas, alojamientos, etc.

Generalmente, esta información es ofrecida por las **Oficinas o Centros de Información Turística** de manera pública y gratuita, y están localizadas en lugares céntricos de fácil acceso a los usuarios, que es como son denominadas las personas que utilizan sus servicios.

Actualmente, estos puntos disponen de varios recursos para transmitir la información, desde soportes videográficos, libros, folletos a dispositivos multimedia, aplicaciones de móvil y códigos QR, gracias a los avances tecnológicos.

Sin embargo, tras la estupenda labor que realizan, se esconde una desventaja: el horario de estos puntos de información, ya que suele ser limitado y frecuentemente se encuentran cerrados.

Vocabulario

Los **Centros de Información Turística** son entidades encargadas de ofrecer servicios turísticos relacionados con la atención, orientación y asesoramiento del usuario, potencial o real, sobre la oferta turística de un determinado lugar que por distintos motivos recibe visitantes.

Sin embargo, además de esta función principal, debe gestionar los servicios relacionados con la **promoción** y **comercialización** de los productos turísticos de su demarcación territorial.

Teniendo en cuenta estos dos objetivos, podemos desarrollar la clasificación de los Centros de Información Turística de la siguiente forma:

- **Según situación geográfica:**

  o Oficina de información situada en origen *(Tourist office abroad).* Es el caso de una oficina de turismo española en París.
  o Oficina de información situada en destino *(National tourist office).* Hablamos entonces de oficinas de turismo españolas en territorio nacional. Ambas pueden ser clasificadas a su vez en oficinas de costas o urbanas.
  o Oficinas fronterizas. Aquellas que encontramos en los aeropuertos.

- **Según función básica:**

  o Oficina para la promoción y captación de turistas. Normalmente en origen.
  o Oficina para orientar y asistir a los turistas. Suelen estar en destino.

- **Según la administración de pertenencia**:

  o Oficinas estatales. Tanto en origen como en destino.
  o Oficinas autonómicas. Origen y destino.

o   Oficinas municipales. Solo en destino.

- **Según temporada de funcionamiento**:

    o   Oficinas temporales. No permanecen abiertas todo el año, solo durante períodos de máxima afluencia turística.
    o   Oficinas permanentes. Todo el año ofrecen sus servicios.

- **Según titularidad:**

    o   Oficinas de titularidad pública. En la que la gerencia es llevada por las administraciones.
    o   Oficinas de titularidad privada.
    o   Oficinas mixtas. Son las gestionadas y financiadas tanto con fondo públicos como privados. Es el caso del Consorcio de Turismo.

- **Según estructura física:**

    o   Oficinas fijas.
    o   Oficinas ambulantes o itinerantes. Por ejemplo, el bus turístico.
    o   Stands en ferias y exposiciones.

Pasemos a conocer un poco más sobre los servicios y funciones de cada una de ellas. Si hablamos de las Oficinas de Turismo en origen, es el momento de mencionar **Turespaña.**

Turespaña es el organismo público adscrito al Ministerio de Industria, Comercio y Turismo a través de la Secretaría de Estado de Turismo, responsable del marketing de España como destino de viajes en el mundo.

Turespaña attracts travellers in the origin
Turespaña atrae viajeros en el origen

Turespaña tiene como misión la creación de valor para el sector turístico. Esta misión está basada en dos herramientas fundamentales, una, el uso del marketing turístico para atraer un turismo de alta rentabilidad que genere un nivel de ingresos elevado, y la otra, generar y ofrecer la máxima información posible sobre el turismo en España.

Estas tareas son llevadas a cabo teniendo en cuenta la sostenibilidad económica, social y medioambiental de nuestros destinos turísticos.

Los pilares en los que se basa para cumplir con su actuación son:

- Gestión integral de la Marca España.
- Impulsar y liderar el desarrollo de la colaboración pública y privada en la promoción internacional de los destinos turísticos de España.
- Inversión y estrategias de explotación de Paradores de Turismo de España, SA.
- Disponer de una red de 33 Consejerías de Turismo en el exterior, como puntos de información de España claves en la generación de conocimiento en los principales mercados emisores. Esta red está repartida en 8 áreas geográficas que coinciden con los distintos tipos de mercados turísticos:
    - o Norteamérica: Nueva York, Chicago, Los Ángeles, Miami y Toronto.
    - o Iberoamérica: Miami, Buenos Aires, México, Sao Paulo.

o   Europa del Norte: Londres, Copenhague, Dublín, Estocolmo, Helsinki y Oslo.

o   Europa Central: Berlín, Bruselas, Frankfurt, La Haya, Múnich, Viena y Zúrich.

o   Europa del Sur y Mediterráneo: París, Lisboa, Milán y Roma.

o   Europa del Este: Moscú, Estocolmo, Helsinki, Varsovia, Viena y Copenhague.

o   Asia Pacífico (Zona A) y Oriente Medio: Bombay, Abu Dabi y Singapur.

o   Asia Pacífico (Zona B): Tokio, Cantón y Pekín.

Estas Consejerías apoyan el sector turístico español elaborando informes y estudios de mercado y acciones de marketing turístico como, por ejemplo: *workshops* (talleres), formación de agentes, ferias y exposiciones, presentaciones, campañas publicitarias, gestión de las redes sociales...

Es destacable la labor de estas Consejerías u Oficinas Españolas de Turismo (OET). Entre sus actividades se encuentran:

- Promocionan el turismo de España.
- Apoyan a las empresas turísticas que desean realizar negocios en otros mercados o implantarse en nuestro país.
- Organizan ferias y encuentros profesionales entre distintos proveedores turísticos.
- Desarrollan campañas publicitarias que aumentan la presencia de España en los medios de comunicación internacionales.
- Distribuyen folletos y guías para atender las demandas de información turística y así captar turistas potenciales.

Las Oficinas de turismo en destino, en cambio, tienen como función principal la atención a usuarios, hablamos ya de turistas reales.

Estas oficinas tienen como objetivos:

- Gestionar todos los servicios de atención: orientando y asesorando al visitante. Esto incluye las siguientes tareas:
    o Información de interés general.
    o Información sobre la oferta turística del destino, los recursos turísticos, actividades turísticas...
    o Información sobre sus derechos y deberes como usuarios de servicios turísticos, la atención de quejas y reclamaciones...

- Diseñar actuaciones de coordinación, promoción y comercialización de los productos turísticos de su demarcación territorial. Hablamos de:
    o Editar y distribuir material informativo en papel y soporte digital.
    o Gestionar y promocionar el destino participando en ferias, publicidad...
    o Comercialización de los productos y servicios de la zona.
    o Control de calidad en el destino.
    o Realizar estudios de la oferta y demanda de su demarcación territorial.
    o Asesorar empresas de servicios turísticos e impulsar el emprendimiento turístico.
    o Asistir a las administraciones en funciones de planificación del sector turístico.

Objetivo

Las Oficinas de Información Turística persiguen la difusión de los atractivos turísticos y socioculturales de una zona y el fomento del desarrollo turístico de su demarcación territorial.

A continuación, en el siguiente listado se traducen las actividades expuestas anteriormente:

TOURIST INFORMATION OFFICE: ACTIVITIES
OFICINA DE INFORMACIÓN TURÍSTICA: ACTIVIDADES

LISTEN AND REPEAT 🔊 Audio2_1

Manage	Gestionar	*Temporary office*	Oficina temporal
Management	Gestión		
Promote	Promocionar	*Itinerant office*	Oficina itinerante
Promotion	Promoción		
Commercialize	Comercializar	*Public office*	Oficina pública
Commercialization	Comercialización		
Classify	Clasificar	*Private office*	Oficina privada
Classification	Clasificación		
Organize	Organizar	*Meetings*	Encuentros profesionales
Organization	Organización		
Capture/grab	Captar	*Fair*	Ferias
Guide	Orientar	*Exhibitions*	Exposiciones
Guidance	Orientación		
Assist	Asistir	*Stands*	Puestos
Assistance	Asistencia		
Distribute	Distribuir	*Advertising campaign*	Campaña publicitaria
Distribution	Distribución		
Advice	Asesorar/ asesoramiento	*Brochure*	Folleto
Undertake	Emprender	*Maps*	Planos
Undertaking	Emprendimiento		
Entrepreneur	Emprendedor		
Coordinate	Coordinar	*Tour guide book*	Guía turística (libro)
Coordination	Coordinación		
Territorial demarcation	Demarcación territorial	*Tourist resource*	Recurso turístico
Office of origin	Oficina en origen	*Tourist activity*	Actividad turística
Office of destination	Oficina en destino	*Users rights and obligations*	Derechos y deberes del usuario
Coast office	Oficina de costa	*Complaints and claims*	Quejas y reclamaciones
Urban office	Oficina urbana	*Quality control*	Control de calidad
Permanent office	Oficina permanente		

Los encargados de ofrecer estas tareas en las oficinas de turismo son los llamados **Agentes de Información Turística**. Estos profesionales deben cumplir unos requisitos académicos que les permitan ofrecer sus servicios de manera apropiada, además de dominar lenguas extranjeras con las que poder ofrecer la información turística al visitante de manera eficaz.

Enumeramos en la siguiente tabla las **habilidades y conocimientos** necesarios para ser un buen agente de información turística:

TOURIST INFORMATION OFFICER SKILLS **HABILIDADES DEL AGENTE DE INFORMACIÓN TURÍSTICA** *LISTENING* 🔊 Audio2_2	
Deep knowledge of the place and cultural attractions	Amplio conocimiento de la zona y las atracciones culturales
Multilingual	Políglota
Dealing with new technologies	Tratar las nuevas tecnologías
Marketing strategies implementation	Implantación de estrategias de marketing
Booking accommodation services	Conocer los servicios de alojamiento hotelero
Selling souvenirs	Vender recuerdos
Running special events	Dirigir eventos especiales
Generating marketing opportunities	Generar oportunidades de marketing

Travel agents spend the majority of their time at the computer
Los agentes de viajes pasan la mayoría de su tiempo al ordenador

La información turística debe adaptarse al visitante y turista que demanda y a la zona de su demarcación. Es necesario, por lo tanto, conocer los perfiles de los usuarios de una oficina de información turística para saber si debemos ofrecer una información genérica, en cuanto a imágenes y contenido, o bien ofrecer una información más específica con productos turísticos y empresas del sector más demandadas.

Entre las tareas principales de los agentes de información turística se encuentran:

TOURIST INFORMATION OFFICER TASKS **TAREAS DEL AGENTE DE INFORMACIÓN TURÍSTICA**	
LISTENING Audio2_3	
Opening and closing of the Tourist Office	Apertura y cierre de la Oficina de Turismo
Service of information requests through telephone calls and emails	Atención de petición de información turística a través de llamadas telefónicas y correo electrónico
Customer Service	Atención al público
Statistical Control of visitors	Control estadístico de las personas que entran en la oficina
Elaborating a cultural, tourist resources list and keeping up-to-date	Realizar el inventario de los recursos culturales y turísticos de su zona y mantenerlos actualizados
Preparing tourist material	Preparar material turístico
Promoting the tourist offer	Fomentar la oferta turística de la zona
Organising activities and routes for visitors	Organizar actividades y rutas para los visitantes
Drafting the annual report	Realizar una memoria anual del servicio

Patience is a virtue in the travel world
La paciencia es una virtud en el mundo del viaje

En todo proceso de información pueden distinguirse cinco etapas. *INFORMATION PROCESS PHASES /* **FASES DEL PROCESO DE INFORMACIÓN:**

- *Diagnosis phase. It's about to analyse the place and all the external and internal information available to verify certainty.*

  Fase de diagnóstico. Consiste en analizar la zona y toda la información disponible de ella, tanto interna como externa para comprobar su veracidad.

- *Contrasting phase. The information compiled must be thoroughly contrasted. The tourist information officer has to be sure that all the information is totally true.*

  Fase de contrastación. La información recopilada debe ser minuciosamente contrastada. El agente de información turística tiene que asegurarse que toda la información es totalmente cierta.

- *Storing phase. This phase means to arrange a complete storage of information in order to serve the users in the best way possible.*

  Fase de almacenamiento. Esta fase consiste en disponer de un almacén completo de información para servir a los usuarios de la mejor manera posible.

- **Updating phase.** *To keep the tourist information updated is an essential task that Tourist Information Officers have to deal with: prices, timetables, contract services conditions, compulsory bookings...*

  Fase de actualización. Mantener la información actualizada es una tarea esencial con las que los Agentes de información turística tienen que tratar: precios, horarios, condiciones de contratación de los servicios, reservas obligatorias...

- **Exchanging phase.** *It's the purpose of being a Tourist Information Office itself. Without a means that allows the exchange of information and to be available to the users, there's no point in working this way.*

  Fase de intercambio de información. Es el propósito de ser una oficina de Turismo, en sí misma. Sin un medio que permita el intercambio de información y estar disponibles para los usuarios, no tiene sentido trabajar de esta manera.

El intercambio de información puede ser provocado de varias maneras, aunque comentaremos las dos más usuales:

- **Before arriving to the destination.** *Tourists can request information about monuments to visit, sport activities to do or typical restaurant to book a special dinner before their arrivals. They need to ensure that the place, they are going to enjoy on their holidays, is worthy to be visit. This request usually comes via email or sometimes via phone calls. In both cases, we must be accurate to send them the information requested, offering our help at the end of the email, just in case they need more details.*

  Antes de la llegada al destino. Los turistas pueden solicitar información acerca de los monumentos que pueden visitar, actividades deportivas para practicar o restaurantes típicos en los que hacer una reserva para una cena especial antes de su llegada. Ellos necesitan asegurarse de que el lugar en el que van a disfrutar sus vacaciones merece la pena de ser visitado. Estas peticiones vienen normalmente vía correo electrónico o a veces por teléfono. En ambos casos, debemos ser precisos y enviarles la información requerida, ofreciendo nuestra ayuda al final del correo, por si se da el caso de que necesiten más detalles.

- *__During the visit.__ Tourists are users at that moment. They come into the Tourist Information Office with some specific, unexpected information requests, often appeared during they were planning the day after, so they need brochures, maps or even that you make a reservation for them. They want a determined action from the Tourist Information Agent. This is very important for offering a quality tourism experience.*

  Durante la visita. Los turistas son usuarios en ese momento. Ellos entran en las Oficinas de Información Turística con peticiones de información específicas e inesperadas, frecuentemente surgidas mientras preparaban el día siguiente, así que ellos necesitan folletos, mapas o incluso que se les haga alguna reserva. Ellos quieren una acción determinada procedente del Agente de Información Turística. Esto es muy importante para ofrecer una experiencia turística de calidad.

A signal indicating the Tourist Information Office in London
Señal indicando la Oficina de Turismo en Londres

Para poder desarrollar estas funciones de manera apropiada, es recomendable que el Agente de Información Turística maneje los idiomas que hablan sus visitantes. No solo es más cómodo para ellos, sino que además es una manera de demostrar la importancia que supone su visita para nuestra zona, localidad o ciudad.

El siguiente banco de expresiones nos ayudará a recibirlos correctamente y solucionarle sus dudas:

THE TOURIST INFORMATION OFFICE. USEFUL EXPRESSIONS
LA OFICINA DE TURISMO. EXPRESIONES ÚTILES

LISTENING 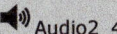 Audio2_4

Greeting and receiving: • Good Morning, Good Evening... • Welcome to... • Can I help you find something? • How can I help you?	**Saludar y recibir:** • Buenos días, buenas tardes... • Bienvenido/a a... • ¿Puedo ayudarle a encontrar algo? • ¿En qué puedo ayudarle?
About accommodation: • We're looking for accommodation. • Do you have a list of (hotels, campsites...)? • What sort of accommodation are you looking for? • Can you book accommodation for me?	**Sobre alojamiento:** • Buscamos alojamiento. • ¿Tiene una lista de (hoteles, campings...)? • ¿Qué tipo de alojamiento está buscando? • ¿Puede hacernos la reserva?
The city: • Do you have a map of the city/ town? • Do you have any brochures of...? • Do you know where the post office is? • How do I get to...? • Where's the city centre? • Where's the main shopping area? • Where's the best way of getting around the city? • Can I hire a car near here? • What time does the cathedral open/close?	**La ciudad:** • ¿Tiene un mapa de la ciudad? • ¿Tiene algún folleto de...? • ¿Sabe dónde está Correos? • ¿Cómo puedo llegar a...? • ¿Dónde está el centro de la ciudad? • ¿Dónde se encuentra el área comercial? • ¿Cuál es el mejor medio para moverse por la ciudad? • ¿Se puede alquilar un coche por aquí cerca? • ¿A qué hora abre/cierra la catedral?
Activities and events: • What are you interested in? • Are there any cultural events on at the moment? • Are there any excursions to Italica today? • Is there a city tour? • Could you tell us what's on at the theatre? • Can I buy/book tickets here? • Can you recommend a good restaurant?	**Actividades y eventos:** • ¿En qué está interesado? • ¿Hay actos culturales ahora? • ¿Hay alguna excursión a Itálica hoy? • ¿Hay una ruta por la ciudad? • ¿Puede decirnos que ponen en el teatro? • ¿Puedo comprar/reservar entradas aquí? • ¿Puede recomendarnos un buen restaurante?
Clarifying ideas: • Could you repeat it, please? • I heard you ask about timetables. Is that correct? • I'm sorry but I didn't understand you exactly. Can you say it again? • I understand that you want to visit the museum. Is that correct?	**Aclarar ideas:** • ¿Puede repetir, por favor? • He oído que pregunta por horarios. ¿Es correcto? • Lo siento, pero no le he entendido exactamente. ¿Puede decirlo de nuevo? • Entiendo que quiere visitar el museo. ¿Es correcto?

Saying goodbye and testing:	Decir adiós y encuestar:
• *Are you enjoying your time here so far?*	• ¿Está pasándolo bien de momento?
• *What is your favourite corner of the city so far?*	• ¿Cuál es su rincón favorito de la ciudad hasta ahora?
• *Is this your first time in Seville?*	• ¿Es su primera vez en Sevilla?
• *Where are you from?*	• ¿De dónde vienen?
• *Why have you chosen our city?*	• ¿Por qué ha escogido nuestra ciudad?
• *How many nights are you spending here?*	• ¿Cuántas noches estará aquí?
• *Thank you very much for visiting us.*	• ¿Muchas gracias por visitarnos?
• *Thank you for being here.*	• Gracias por estar aquí.
• *We appreciate your visit.*	• Apreciamos su visita.

Sugerencia

Es importante aprovechar el momento de la despedida para obtener información útil del usuario que nos permita mejorar en nuestros servicios e incluso conocer la motivación que les movió hacia nosotros. Es el mejor momento para interactuar con ellos, ya que están abiertos a demostrar lo que han conocido o el por qué quieren conocer el lugar.

En las expresiones vistas anteriormente, es fácil reconocer recursos gramáticos como el estilo indirecto, la pasiva y las frases impersonales. Repasemos en primer lugar el **estilo indirecto.**

A. Revise the basics: THE REPORTED SPEECH

Reported speech is used to talk about the past summarizing what someone said. There are rules to manage this grammar resource:

- *We need reporting verbs: **said, told, ordered, stated,** and **reported.** When we are reporting questions, we can use: **asked** or **requested.***
- *We may use the word **"that"** to introduce the reported words: "She said that was our hotel".*
- *Reported questions use normal word order with no question mark: "She asked me where the museum was".*
- *We use **IF/WHETHER** to report questions which start with an auxiliary verb: "He asked if I could make a reservation for him".*

- *We can use **TELL + OBJECT PRONOUN + INFINITIVE** to report imperatives and instructions: "They told me to reserve their tickets".*

 Importante

Remember that in reported speech we need to change, not only the verbs, but also the pronouns, the time expressions and the place adverbs.

REPORTED SPEECH
It's the structure we use to pass messages to people

1 People involved: informant, messenger, receiver

2 Verbs used:

For sentences: **Say = Tell**
"She **said to** me, her, etc. that..."
"He **told** me, her, him, etc. that..."
"The **said** that..."

For questions and imperatives: **Ask**
"He asked me, her, him, etc."

3 Passing the message:

When the information is in	You pass the message in
Simple Present	Simple Past
Present Continuous	Past Continuous
Present Perfect	Past Perfect
Present Perfect Continuous	Past Perfect Continuous
Simple Past	Past Perfect
Future Will	Would
Can	Could

This table show the equivalences:

DIRECT SPEECH LISTENING 🔊 Audio2_5	REPORTED SPEECH
Present simple	Past simple
Past Simple	Past perfect
Future Simple	Conditional
Present continuous	Present perfect continuous
Present perfect continuous	Past perfect continuous
Past perfect simple	Past perfect simple
Past perfect continuous	Past perfect continuous
MODALS DIRECT SPEECH	**MODALS REPORTED SPEECH**
Can	Could
May	Might
Must / have to	Must / had to
Will	Would
OTHERS WORDS DIRECT SPEECH	**OTHER WORDS REPORTED SPEECH**
Now	Then
Today	That day
Tonight	That night
Yesterday	The previous day / the day before
Last week	The previous week / the week before
A month ago	The previous month / the month before
Tomorrow	The following day/ the day after / the next day
Next week	The following week /the week after
Here	There
This / these	That / those

B. Revise the basics: THE PASSIVE

Conocer y manejar la construcción de frases en pasiva y frases impersonales es muy útil cuando no se conoce o no es importante la persona que hace la acción sino la propia acción en sí. Las **frases pasivas** son mucho más frecuentes en inglés que en español, de ahí la importancia de su control. Repasemos sus puntos más importantes.

Structure: **TO BE + PAST PARTICIPLE OF THE MAIN VERB.**

We often use the passive voice when it is not said, known or important who does an action: "My purse has been stolen".

If we want to say who did an action, we use **"BY"**: *"The booking was made by the receptionist".*

TENSE	ACTIVE	PASSIVE
Present Simple	I **make** a cake	A cake **is** made
Present Continuous	I**'m making** a cake	A cake **is being** made
Past Simple	I **made** a cake	A cake **was** made
Past Continuous	I **was making** a cake	A cake **was being** made
Present Perfect	I **have made** a cake	A cake **has been** made
Past Perfect	I **had made** a cake	A cake **had been** made
Future Simple	I **will** make a cake	A cake **will be** made
Future be going to	I**'m going to** make a cake	A cake **is going to be** made
Modal	I **must** make a cake	A cake **must be** made
Modal perfect	I **should have** made a cake	A cake **should have been** made

C. Revise the basics: IMPERSONAL YOU AND ONE

Es el turno de las **frases impersonales**. Se recurre a su uso cuando el sujeto no es la persona a la que se habla, no significa "tú", "usted" o "vosotros", sino que se refiere a la gente en general. En español normalmente usamos la pasiva refleja o pasiva impersonal, es decir, **_"You have to make a deposit to book a room in this hotel"_** debe traducirse como **_"Se_** *tiene que hacer un depósito para reservar en este hotel".*

*We can use **YOU/ONE** as an impersonal subject to mean **PEOPLE IN GENERAL:** "You can go there without a booking", "One have to be careful walking alone at night".*

*We can use **YOU/ONE as impersonal object:** "Learning a foreign language is good for you", "Too much sugar makes one sick".*

Ejemplo

- *One should always be polite.*
- *How does one gest to 5th Avenue from here?*
- *You should always be polite.*
- *How do you get to 5th Avenue from here?*

Para finalizar este apartado, veamos los organismos oficiales con los que contamos en España en materia turística:

- **Organismos internacionales**:
    - o OMT (Organización mundial del Turismo), pertenece a la ONU y tiene su sede en Madrid. Sus principales objetivos son la promoción del Turismo, permitir las condiciones para un desarrollo turístico de calidad y sostenible.
    - o WTTC (Consejo Mundial de los Viajes y del Turismo), concienciado con el impacto medio ambiental del turismo a nivel empresarial.

- **Organismos nacionales**:
    - o TURESPAÑA (Instituto de Turismo de España).

o IET (Instituto de Estudios Turísticos), realiza estudios y estadísticas sobre el sector.

o ICTE (Instituto para la calidad Turística Española), organismo privado, independiente y sin ánimo de lucro que certifica la calidad de las empresas turísticas (la Q de Calidad).

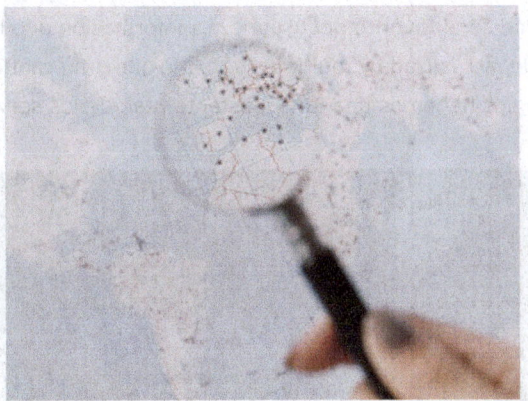

These government agencies help to put Spain in the picture
Estos organismos oficiales ayudan a poner a España en el mapa

2. Gestión de la información sobre proveedores de servicios, precios y tarifas y prestación de la misma a clientes

En el apartado anterior vimos que la primera de las fases en el proceso de información turística es la fase de investigación y análisis, tanto de la oferta como de la demanda de la demarcación territorial de una Oficina de Turismo.

En este punto vamos a estudiar los diferentes soportes y medios para **gestionar la información turística**, además de clasificar las empresas proveedoras de servicios turísticos para poder realizar una adecuada y ordenada fase de análisis.

La información sobre proveedores de servicios, sus precios y sus condiciones de prestación se encuentran a través de tres medios fundamentalmente:

- Documentación en soporte papel *(brochures, specialised magazines...).*
- Directamente a través del servicio de atención al cliente de las propias empresas proveedoras *(customer services points).*
- A través de las nuevas tecnologías *(websites, travel blogs, social media, apps...).*

Es este último el medio el favorito del usuario. La información que les llega de Internet es inmediata, fiable, actualizada y multimedia, por lo que gran cantidad de fotos, vídeos y foros hacen que nos hagamos una idea, bastante real, de los servicios que prestan.

Technology Is Changing the Role of Travel Agents
La tecnología está cambiando el papel de los agentes de viajes

 **Importante**

Actualmente es imprescindible existir digitalmente frente al mundo. Cada vez son más las empresas que apuestan por las redes sociales como vehículo de comunicación con sus clientes potenciales o aumentar su fidelización.

Los elementos que componen la información turística son muchos, sin embargo, entre los más importantes se encuentran los siguientes:

TOURIST INFORMATION FEATURES CARACTERÍSTICAS DE LA INFORMACIÓN TURÍSTICA	
LISTENING 🔊 Audio2_6	
Service features	Características del propio servicio
Prices and rates	Precios y tarifas
Terms and conditions	Términos y condiciones
Service providers	Servicio de proveedores

Es sobre estos aspectos que los proveedores tendrán que ofrecernos toda la información posible para poder promocionar y comercializar de manera eficaz sus servicios en la Oficina de Información Turística.

Tourist services companies must work together to provide the best customer service
Las empresas de servicios turísticos deben colaborar para ofrecer el mejor servicio al cliente

Para empezar, clasifiquemos las **empresas de servicios turísticos** en bloques, para que la recogida y almacenamiento de la información sea mucho más ordenada y fácil de localizar en el momento que la necesitemos. Los bloques son:

- *Accommodation services* / **Empresas de alojamiento**. En este bloque se incluyen los hoteles, hostales, y toda empresa cuya infraestructura permite la estancia de los visitantes de un lugar.

- *Transport service agencies* / **Empresas de transporte**. Incluimos en esta ocasión los transportes públicos como el metro, taxis, los autobuses, tranvías, etc. y los necesarios para trayectos largos como aviones y trenes, ferris, etc.
- *Food and beverage* / **Empresas de catering**. Es el turno de los restaurantes, bares, cafeterías, heladerías, etc.
- *Entertainment services* / **Empresas de ocio y entretenimiento**. Son aquellas empresas encargadas de entretener a las personas, desde el cine, teatro, ópera, a la organización de actividades deportivas, culturales, etc.

La **cooperación** y la **comunicación** entre estas entidades forman los ingredientes básicos de la red de empresas de servicios turísticos. Esto ocurre a diferentes escalas, pero unos y otros se convierten tanto en destinatarios como emisores de clientes. Precisamente es la información detallada de estos la que sirve como intermediaria para que la red funcione.

Es el momento de gestionar dicha información sobre los proveedores. Para ello necesitamos un buen equipo informático, que almacenará en archivos digitales, toda la información clasificada, en un primer lugar, organizada en los bloques anteriores, y en un segundo lugar en subcarpetas con los elementos y características de los servicios de cada proveedor.

The aim is classifying information in the most accurate way possible
El objetivo es clasificar la información de la forma más precisa posible

En cuanto a los **precios y tarifas de los proveedores** de servicios turísticos, nos encontramos con una gran complejidad debido a su inestabilidad, relacionada directamente con las características del propio producto turístico, como es la estacionalidad y la imposibilidad de almacenamiento del mismo.

Anotación

La **estacionalidad** hace que los precios varíen no solo durante el año, sino incluso dentro de un mismo mes o una misma semana. Y la caducidad del producto hace necesario que se vendan a cualquier precio antes de perderlo sin ningún modo de recuperación; el ingreso de una habitación que no se ha vendido esa noche, ya no puede recuperarse, la visita de un grupo que se ha hecho sin completar el cupo mínimo pierde en ese mismo momento la posibilidad de sacarle el rendimiento adecuado

Easter is perfect for any short getaway
La Semana Santa es perfecta para pequeñas escapadas

Si a estos factores le añadimos la competencia entre las empresas turísticas por llevarse consigo la decisión del turista, estamos ante una guerra de precios en constante movimiento para poder sobrevivir. Ya que, el precio es un elemento competitivo poderoso.

Ejemplo

Es el caso del periodo especial vacacional de la Semana Santa son siete días, normalmente dentro del mes de abril, que se consideran período especial de **temporada alta**, ya que se encuentra dentro de un mes en el que ya los precios suelen estar más altos por encontrarse en un período considerado temporada alta como es la primavera-verano. Sin embargo, dentro de la misma Semana Santa, se encuentra un periodo considerado también especial en el sector turístico como son los puentes, por lo que a partir del Jueves Santo hasta el Domingo Santo es considerado un período de temporada especial con tarifas más altas aún que el resto de la Semana Santa.

Vocabulario

El **precio** podemos definirlo como la cantidad de dinero que se precisa para adquirir un determinado bien o servicio, por lo tanto, se entiende como un sacrificio monetario que el consumidor debe realizar si quiere disfrutar un producto o servicio.

Sin embargo, desde el punto de vista de la empresa, el precio es un elemento que debe fijar en su producto o servicio para cubrir costes y obtener beneficio.

En el ámbito turístico, el consumidor no solo sacrifica su dinero, también su tiempo, hecho que hace que algunas empresas turísticas mejoren su competitividad con precios más altos relacionados con una pérdida de tiempo menor, transportes más rápidos, trámites más sencillos..., por eso adaptan el mismo servicio a distintos niveles. Esto quiere decir que, según el nivel de sacrificio de los clientes, podrán elegir entre pagar más o menos, consumir más tiempo y menos dinero, etc.

Veamos, con la siguiente tabla, todos los factores que influyen en la fijación del precio de los productos y servicios turísticos:

FACTORS INFLUENCING ON THE PRICE OF A TOURIST SERVICE / FACTORES QUE INFLUYEN EN EL PRECIO DE UN SERVICIO TURÍSTICO

LISTENING 🔊 Audio2_7

Factors of the tourist product itself:	**Factores del producto turístico en sí mismo:**
- Intangibility makes difficult to fix a price. - Perishability means potential incomes lost. - Seasonality. - Long period of time between pricing and selling.	- La intangibilidad hace difícil fijar precios. - La caducidad puede significar la pérdida de potenciales ingresos. - La estacionalidad. - Los largos periodos de tiempo entre la fijación del precio y su venta.
Internal factors of the tourism company:	**Factores internos de la empresa turística:**
- Marketing Targets have to be fixed firstly, then pricing to reach the product positioning. - Marketing-Mix program designs product, distribution, promotion and commercial strategies. - Costs represent the minimum level for selling prices.	- Los objetivos de marketing deben ser fijado en primer lugar, luego los precios para lograr el posicionamiento del producto. - El programa de Marketing-Mix diseña el producto, su distribución, promoción y estrategias comerciales. - Los costes representan el nivel mínimo para fijar precios de venta.
External factors of the tourism company:	**Actores externos a la empresa turística:**
- Tourist Demand means the quantity of products that tourist trade will purchase in a particular period of time. - This indicates the maximum level for selling prices. - Competition is used to guide companies to price products. - Legal Field rules the limits to fix prices.	- La demanda turística hace referencia a la cantidad de productos que el mercado turístico comprará en un periodo de tiempo determinado. - Esto indica el nivel máximo para los precios de venta. - La competencia es usada para guiar a las empresas en la fijación de los precios. - El marco legal regula los límites para fijar los precios.

Marcar las estrategias de precios es una tarea esencial en la fijación de precios. Estas estrategias pueden basarse en la diferenciación de precios, en determinar precios con carga psicológica, en precios competitivos y las de precios para grupos de productos.

- *Variability in prices* / **Estrategias diferenciales de precios.** Implican la venta de un mismo producto a precios distintos, buscando el momento indicado para incrementar el volumen de ingresos. Por ejemplo, los **descuentos aleatorios**, ofertas o reducciones de precio con o sin motivo o conocimiento por parte del consumidor: *last minutes, discounts, seasonal discounts.*

- *Second market discounts* / **Descuentos de segundo mercado.** Hacen referencia a descuentos para clientes que reúnen una serie de condiciones previamente determinadas. Pueden ser geográficas, demográficas y económicas: *group discounts or specific customers discounts.*

- *Revenue Management or Yield Management* / **Gestión de ingresos.** Viene a resumir las estrategias de las empresas turísticas frente a estos conflictos. Se trata de una herramienta de análisis que predice el comportamiento de los clientes, optimizando la disponibilidad y precio de los productos turísticos para maximizar los ingresos.

- *Psychological prices strategies* / **Estrategias de precios psicológicos.** Estas estrategias marcan la fijación del precio en función de la relación entre precio y atributos del producto. Existen estrategias de precios de lujo o prestigio, para aquellos productos o servicios en los que el precio alto se identifica como de mayor calidad. Las llamadas estrategias de precios con terminación par e impar, están pensadas para los mercados que relacionan los precios pares con productos de mejor calidad y los productos con precios impares a precios en promoción. Las estrategias de precio relacionadas con el valor asignado por el cliente,

There is a pricing strategy to every type of consumer
Hay una estrategia de precios para cada tipo de consumidor

está relacionado con lo que este está dispuesto a pagar por disfrutarlo.

- *Competitive prices strategies /* **Estrategias de precios competitivos.** El criterio es tomar como referencia el precio de la competencia para un mismo producto o servicio y ofrecer uno más económico o con más prestaciones.

- *Pack strategies /* **Estrategias para grupos de productos**. Existen varias de estas estrategias, unas ofrecen un producto reclamo o gancho, sin beneficio, pero hace que después otros productos más beneficiosos sean consumidos. Otras ofrecen dos productos, un segundo complementario al primero y necesario para su consumo, y bastante más rentable que el principal.

- *Product cycle strategies /* **Estrategias según fase del producto.** Estrategias basadas en precios altos por novedad del producto, precios bajos para permitir una entrada rápida y potente en el mercado.

COST BASED PRICING

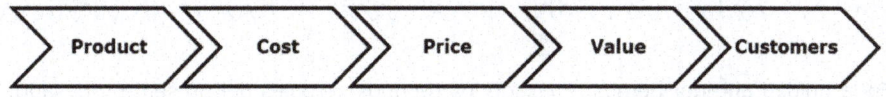

Recuerda

Entre las principales razones que deciden la elección del turista se encuentran el dinero que sacrificará y el tiempo que invertirá en los trámites anteriores al viaje, durante el trayecto y una vez que se encuentre en su destino

A continuación, se recogen todos los términos relacionados con precios, tarifas y expresiones útiles.

∿∿

USEFUL VOCABULARY
VOCABULARIO ÚTIL

LISTEN AND REPEAT 🔊 Audio2_8

Season	Temporada	*Reliable*	Fiable
High Season	Temporada alta	*Immediate*	Inmediata
Low Season	Temporada baja	*Up to date*	Actualizada
Special Season	Temporada especial	*Media Content*	Multimedia
Files	Archivos	*Accommodation services*	Servicios de alojamiento
Computer	Ordenador	*Transport Service Agencies*	Agencias de transporte
Monitor	Monitor	*Food and beverage*	Comida y bebida
Keyboard	Teclado	*Entertainment services*	Servicios de ocio
Mouse	Ratón	*Prices*	Precios
Brochures	Folletos	*Rates*	Tarifas
Magazines	Revistas	*Holiday*	Vacaciones
Customer service Points	Puntos de atención al cliente	*Easter / Holy Week*	Semana Santa
Website	Página web	*Discount*	Descuento
Travel Blogs	Blogs de viajes	*Promotion*	Promoción
Social Media	Redes Sociales	*Luxury prices*	Precios de lujo
Apps	Aplicaciones	*Expensive*	Caro
Value for money	Relación calidad-precio	*Low prices*	Precios bajos

∿∿

En la unidad anterior hemos repasado los tiempos verbales del presente y pasado, en todas sus formas. Es el momento de repasar los tiempos futuros y condicionales, necesarios como recursos gramáticos para dirigirnos tanto a usuarios como proveedores de manera eficaz.

A. Revise the basics: FUTURE SIMPLE

We use the future simple forms (will/shall) to talk about:

- **Predictions:** *"I'm sure you will enjoy the tourist tour".*
- **Timetables:** *"The customers will arrive at ten o'clock".*
- **Spontaneous decisions:** *"I will have a whisky on the rocks, please".*

"Be going to" *is a future expression used to talk about a planned action for the future or that is about to happen: "I'm going to buy a flight ticket to London".*

 **Gramática**

Structure: SUBJECT + WILL / WON'T + BASE FORM.

B. Revise the basics: FUTURE CONTINUOUS

We use future continuous forms to talk about an action in progress at a certain time in the future: "At this time tomorrow, we will be visiting Madrid".

It comes with expressions as **"at this time", "on Tuesday", "in the next decade...".**

 *Gramática*

Structure: SUBJECT + WILL / WON'T + BE + -ING VERB.

C. Revise the basics: FUTURE PERFECT SIMPLE

We use the future perfect simple tense to talk about a completed action at a certain future time: "By the end of January, we will have arranged all the details".

*It comes with expressions like: **"by then", "by august", "in several months..."***

 **Gramática**

Structure: SUBJECT + WILL / WON'T HAVE + PAST PARTICIPLE.

SIMPLE FUTURE TENSE	FUTURE CONTINUOUS TENSE	FUTURE PERFECT TENSE
Future as fact		*Continuing situation from*
Beliefs	*Actions in progress at a*	*a point in future*
Plans	*specific time in future*	
		Future actions taking
Personal prediction	*A future fact*	*place by a specific time*
Assumption...		
	A future event of course	*Future action before*
Spontaneous decision		*another action*

D. Revise the basics: CONDITIONAL SENTENCES

Por otro lado, las oraciones condicionales nos ayudan a expresarnos de manera educada ante los angloparlantes. Sin olvidar que expresan condición, su uso es bastante frecuente para dar consejos a los usuarios y sugerir o recomendar actividades culturales, de ocio, etc...

Conditional sentences are composed by a clause that expresses a condition (conditional clause) and a main clause that explains the result (result clause). There are three types of conditional sentences:

- **First conditional:** it expresses what will happen if the condition said occurs. IF / UNLESS + PRESENT SIMPLE/ FUTURE SIMPLE/ PRESENT SIMPLE/ IMPERATIVE: "If you call before going, it will be better".
- **Second conditional:** it expresses hypothetical conditions rarely became true. IF / UNLESS + PAST SIMPLE | WOULD/ COULD/ MIGHT + BASE FORM: "I would visit the cathedral if it were open".
- **Third conditional:** it expresses an impossible condition that it is referred to the past so it can't become true. IF + PAST PERFECT + WOULD HAVE / COULD-MIGHT HAVE + PAST PARTICIPLE: "If you hadn't paid attention, we could have been lost right now".

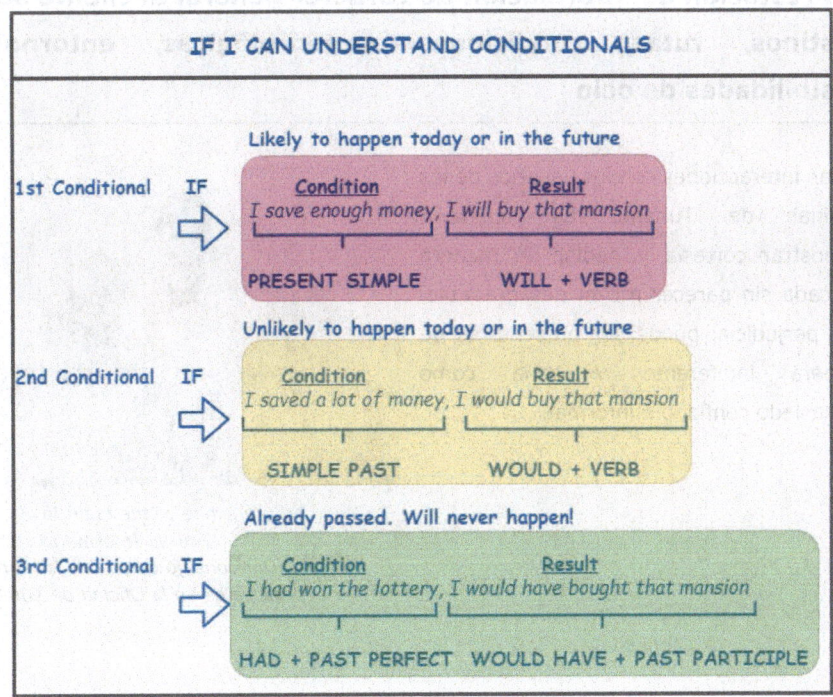

IF I CAN UNDERSTAND CONDITIONALS

1st Conditional   IF
Likely to happen today or in the future
Condition — I save enough money, Result — I will buy that mansion
PRESENT SIMPLE   WILL + VERB

2nd Conditional   IF
Unlikely to happen today or in the future
Condition — I saved a lot of money, Result — I would buy that mansion
SIMPLE PAST   WOULD + VERB

3rd Conditional   IF
Already passed. Will never happen!
Condition — I had won the lottery, Result — I would have bought that mansion
HAD + PAST PERFECT   WOULD HAVE + PAST PARTICIPLE

E. Revise the basics: CONDITIONAL SENTENCES II

It doesn't matter the order of the sentences, but if the conditional clause goes first, it's necessary a comma in between.

Unless has the same meaning that if not. Unless is often used in the first conditional.

It is used were for singular and plural forms when the main verb in conditional clause is to be: "If he weren't so tired, we would leave today".

*When we want to give advice, we have to use **"If I were":** "If I were you, I would make a reservation".*

3. Prestación de información de carácter general al cliente sobre destinos, rutas, condiciones meteorológicas, entorno y posibilidades de ocio

En las interacciones con los usuarios de las Oficinas de Turismo es necesario demostrar cortesía y hablar de manera educada sin parecer frío ni desagradable. Tan perjudicial puede ser presentarse de manera indiferente y seria como demasiado confiado e informal.

Giving advice is one of the main tasks in a Tourist Information Office
Dar consejo es una de las tareas principales en la Oficina de Turismo

 **Importante**

El control y manejo de los verbos modales nos permite encontrar la línea adecuada de profesionalidad y cortesía en el momento de ofrecer el servicio de información.

Este breve repaso nos refrescará sus usos y estructuras para más tarde conocer aún más sobre ellos.

A. Revise the basics: MODAL VERBS

Modals verbs are used to express ability, obligation, permission, assumption, probability and possibility, requests and offers and advice.

- *They provide additional information about the verb that follows it.*
- *They don't change their form and they don't have future forms, infinitive or participle (past / present).*
- *Modal verbs are auxiliary verbs, which mean they don't need an auxiliary in negative or questions.*
- ***"Be able to"** and **"have to"** are semi modals verbs because they allow conjugation. However, **"need to"** isn't considered a modal but all of them are related to ability, obligation and necessity expressions and this is why they are included in the packet.*

This table shows the modals and their uses with some useful examples:

MODALS LISTENING 🔊 Audio2_9	USES	EXAMPLES
Can	• Ability • Request • Possibility • Suggestion	• You can visit the old castle • Can you help me open the room? • I can go with you, Sir • You can enjoy the beautiful views
Be able to	• Ability	• I'll be able to find the Tourist Information Office
Can't	• Inability • Prohibition • Disbelief	• I was so excited I can't sleep • Madam, you can't smoke here • It can't be possible. We have a booking
Could	• Past ability • Polite request • Polite suggestion • Possibility	• She could sightsee when she walked • Could I get your name, please? • You could visit the wine museum • She could go to the swimming pool
May/might	• Possibility	• It may/might rain tomorrow
May	• Polite request	• May I help you?
Would	• Formal request • Offer	• Would I see your passport? • Would you like some coffee?
Must	• Obligation • Strong necessity • Certainty that something is true	• Tourists must wait at the meeting point • She lost her passport; she must have a new one before travelling abroad
Have to	• Obligation • Necessity	• You have to save money to travel
Need to	• Obligation • Necessity	• I need to make a reservation at the restaurant
Needn't	• Lack of obligation • Lack of necessity	• You don't need to show your ID
Don't have to	• Lack of obligation • Lack of necessity	• You don't have to go earlier
Mustn't	• Prohibition	• You mustn't use the elevator
Should/ought to	• Advice • Opinion	• We should/ought to be at the airport two hours earlier

This other table shows the perfect modals and their uses with some useful examples:

PERFECT MODALS LISTENING 🔊 Audio2_10	USES	EXAMPLES
Must have	Certainty that something is true	It must have been hard for you to wait that long queue
May/might have	A guess about a past action	He may have forgotten about our meeting
Could have	Ability to do something in the past which in the end wasn't done	She could have gone with us, but She had to study
Couldn't have	Certainty that something didn't happen	They were really eager to visiting Madrid they couldn't have lost the flight
Would have	Desire to do something in the past which in fact couldn't be done	We would have travelled to Italy, but we didn't have any money
Should/ought to have	Criticism or regret after an event	You should have told him it is close right now
Shouldn't have	Criticism or regret after an event	We shouldn't have left before the concert ended
Needn't have	An unnecessary past action	I was going to call you, you needn't have come

B. Revise the basics: MODAL VERBS II

*We use **"have"** to talk about all kind of obligation. It's possible to use **"have got to"** instead of **"have to".***

*We use **"must"** when we see something as a personal obligation.*

*To express no obligation, we use **"(not) have to"** or no necessity **"(not) need to"** and **"needn't to".***

Ejemplo

"I think you should get help". Yes, I must see a therapist".

Toda experiencia turística implica disfrutar de, al menos, tres elementos fundamentales:

- **Estancia**s: como mínimo es necesario el alojamiento de una noche para disfrutar de la condición de turista.
- **Movilidad**: es indispensable, sin un desplazamiento que nos lleve a un lugar fuera del entorno de nuestro hogar, no podemos ser considerados turistas.
- **Información**: el acopio y aprovisionamiento de información sobre el destino es parte inseparable de esta condición.

Estas tres partes o elementos conllevan a su vez su propia fase de información: antes de la estancia, para conocer qué tipo de alojamiento reservarán, información sobre transportes más adecuados para llegar al destino y, por último, la información acerca del destino, actividades de ocio y turismo; parte que ahora nos concierne.

3.1. Información sobre destinos y rutas

Desde el punto de vista de la **oferta,** se considera destino turístico a un espacio geográfico determinado con características específicas y rasgos particulares que cuenta con infraestructura de servicios que permiten la estancia y movilidad de turistas y atractivos que motiven su visita. Todo destino turístico debe poseer una marca íntegra y única.

Desde el punto de vista del **turista,** el destino turístico es el lugar que él ha elegido para su viaje con una expectativa de vivir su propia experiencia de manera coordinada y fluida.

Los destinos turísticos sufren escalas en función de la perspectiva del turista. Dicha escala aumenta según la distancia entre el turista y el destino. Hablamos de demarcaciones territoriales: pueblos, región, país y continente. Así, si hablamos de un turista internacional, la escala por la que se moverá será entre continentes, un turista nacional entre regiones, mientras que uno de una región se desplazará entre pueblos y ciudades.

Por lo tanto, la imagen que un turista posee de un destino turístico es la suma de todas las imágenes que comprenda todas las escalas a las que pertenece.

Just to travel is rather boring, but to travel with a purpose is educational and exciting
Viajar solamente es bastante aburrido, pero viajar con un propósito es educativo y emocionante

 **Ejemplo**

Para entender la idea de manera visual tomaremos como ejemplo "Lanjarón". Se trata de un pueblo de la Sierra de Granada, concretamente en las Alpujarras. La imagen que nos hacemos todos es de pueblo pequeño, tranquilo, con atractivos naturales, aguas termales. Pero también pertenece a la provincia de Granada, que nos evoca tiempos nazaríes y moriscos, monumentos como la Alhambra, con sol y playa, la costa tropical...

Esto nos lleva a pensar en Andalucía, comunidad autónoma a la que pertenece. Con ocho provincias cercanas relativamente entre ellas, por lo que existe la posibilidad de visitar más de una durante la estancia. Situada al sur del España. La imagen del país siempre va a depender de la perspectiva del turista, si nos mira desde Europa, desde Asia, desde América... cada uno de ellos con una imagen nuestra totalmente diferente. Estas escalas deben ofrecer una imagen turística positiva y homogénea en su conjunto que permita que la visión global de destino turístico sea atractiva.

La mejor forma de conocer los atractivos que nos ofrece un destino turístico son las rutas o recorridos turísticos. Se realizan para conocer y tomar contacto con el propio destino y reciben denominaciones diferentes, según el firme del recorrido y la temática que ofrecen. De esta manera, podemos decir que hay: rutas, circuitos, caminos o itinerarios.

Estos a su vez pueden clasificarse en: culturales, patrimoniales, gastronómicas, ecuestres, nocturnos, dependiendo de la característica principal que le da nombre al recorrido.

Diseñar rutas turísticas de manera sostenible y socialmente responsables debe ser el fin de cualquier empresa turística que desee diferenciarse de sus competidores. La idea de un producto turístico basado en un recorrido prefijado, horario y duración establecidos facilita al turista la organización de su tiempo libre.

Para diseñar una ruta necesitamos:

- **Determinar la temática:** puede ser general o específica. Es fundamental delimitar el área geográfica y los puntos a visitar dentro del recorrido.
- **Definir las actividades a desarrollar y la duración estimada**: considerando accesibilidad, puntos de salida y llegada y paradas para descansar.
- **Diseño del itinerario**: una vez realizada la investigación y recopilada la información necesaria, hay que diseñar el contenido de la ruta.
- **Diseño del plan de sostenibilidad y responsabilidad social de la ruta**: debe mantener el equilibrio del territorio, las actuaciones propuestas y los objetivos a alcanzar.
- **Comercialización de la ruta**: tomar decisiones en cuanto a la estrategia de precios y la distribución de la misma, servicios complementarios y definir el plan de marketing.

Para que una ruta tenga garantizado su funcionamiento debe incluir:

- Buenas prácticas ambientales y sociales.
- Ser competitiva.

- Estar diseñada de manera personalizada y novedosa.
- Que ofrezca una experiencia memorable y que interactúe con el turista.

Tourist routes enrich our trip
Las rutas turísticas enriquecen nuestro viaje

〜〜〜〜〜〜〜〜〜〜〜〜〜〜〜〜〜〜〜〜〜〜〜〜〜〜〜〜〜〜〜〜〜

TOURIST DESTINATIONS AND ROUTES VOCABULARY
VOCABULARIO SOBRE DESTINOS Y RUTAS TURÍSTICAS

LISTEN AND REPEAT 🔊 Audio2_11

Staying	Estancia	*Timetable*	Horarios
Mobility	Movilidad	*Estimated time*	Tiempo estimado
Information supply	Proveer información	*Design*	Diseño
Travellers	Viajeros	*Sustainability*	Sostenibilidad
Tourist experience	Experiencia turística	*Social responsibility*	Responsabilidad Social
Tourist Attraction	Atracciones turísticas	*To be competitive*	Ser competitivo
Continent	Continente	*To sunbathe*	Tomar el sol
Country	País	*To customize*	Personalizar
Region	Región	*Memorable experience*	Experiencia memorable
Town, City Village	Ciudad Pueblo	*To go on holidays*	Irse de vacaciones
Tour	Itinerario, recorrido	*To go abroad*	Ir al extranjero
Track	Camino	*To take a holiday vacation*	Coger unos días de descanso
Itinerary	Itinerario	*To have a good time*	Pasarlo bien
Cultural tour	Recorrido cultural	*To have a bad time*	Pasarlo mal
Heritage tour	Recorrido monumental	*Good environmental practices*	Buenas prácticas medioambientales
Gastronomic tour	Recorrido gastronómico	*Wine tasting*	Cata de vinos
Equestrian route	Ruta ecuestre		

〜〜〜〜〜〜〜〜〜〜〜〜〜〜〜〜〜〜〜〜〜〜〜〜〜〜〜〜〜〜〜〜〜

3.2. Información meteorológica

Se debe considerar al clima como **factor externo** influyente en el producto o servicio turístico. No solo como facilitador de las actividades turísticas sino también como atractivo turístico en sí.

Es responsable de la estacionalidad del sector turístico, puesto que determina el calendario vacacional, marcando la temporada alta y baja en el sector. Incluso inspira la infraestructura turística, ya que, dependiendo del clima del destino turístico, la expectativa del cliente respecto al tipo de alojamiento, restaurante, comidas y bebidas varía.

La importancia del clima en el sector turística es tan evidente que incluso muchas empresas turísticas incorporan en su logotipo e imagen corporativa algo relacionado con él como reclamo.

The weather is a strong tourist attraction
El clima es una fuerte atracción turística

A. Revise the basics: THE WEATHER

*We use to talk about the weather "**to be**": "It's hot", "It's windy"* / "Hace calor", "Hace viento".

Asking about the weather: "What's the weather like?" / "¿Cómo esta el clima"?

Vocabulary bank about the weather:

〜〜〜〜〜〜〜〜〜〜〜〜〜〜〜〜〜〜〜〜〜〜〜〜〜〜〜〜〜〜〜〜〜〜〜〜

THE WEATHER
EL TIEMPO

LISTEN AND REPEAT 🔊 Audio2_12

It's Cloudy	Está nublado	*A Downpour*	Un chubasco
It's Foggy	Hay niebla	*A Flood*	Una inundación
It's Frosty	Hace mucho frío	*A Heat Wave*	Una ola de calor
It's Hot	Hace calor	*A Storm*	Una tormenta
It's Cold	Hace frío	*A Cloud*	Una nube
It's Raining	Está lloviendo	*Fog*	Niebla
It's Snowing	Está nevando	*Humid*	Húmedo
It's Sunny	Está soleado	*Hurricane*	Huracán
It's Windy	Hace viento	*Sunstroke*	Golpe de Calor
It's Chilly	Hace fresco	*Temperature*	Temperatura
A Breeze	Una brisa	*Turbulence*	Turbulencia
A Thunderclap	Un trueno	*A Tropical Climate*	Un clima tropical
A Clear Sky	Un cielo despejado	*The Weather Forecast*	La predicción del tiempo

〜〜〜〜〜〜〜〜〜〜〜〜〜〜〜〜〜〜〜〜〜〜〜〜〜〜〜〜〜〜〜〜〜〜〜〜

B. Revise the basics: WEAHER EXPRESSIONS

The noun **"weather"** is uncountable. We say: **"We have nice weather today"** but not **"We have a nice weather today"**.

The following chart shows useful weather expressions:

USEFUL WEATHER EXPRESSIONS
EXPRESIONES ÚTILES SOBRE EL CLIMA
LISTENING 🔊 Audio2_13

- *What's the weather like? It's foggy today /* ¿Qué tiempo hace? Hoy hay niebla.
- *How's the weather? It's hot /* ¿Qué tal el tiempo? Hace calor.
- *What's like out? It's miserable out /* ¿Qué tal ahí fuera? Está fatal.
- *What's the temperature there? It's ten below (-10º) /* ¿Qué temperatura hay? 10 grados bajo cero.
- *Beautiful day, isn't it? /* Bonito día, ¿Verdad?
- *What's the weather forecast? /* ¿Qué ha dado el tiempo?
- *It looks like it's going to rain /* Parece que va a llover otra vez.
- *The bad weather is still with us /* El mal tiempo sigue con nosotros.
- *The weather spoiled our plans /* El tiempo ha estropeado nuestros planes.
- *Tomorrow will be dry /* Mañana no lloverá (estará seco).
- *Weather permitting /* Si el tiempo lo permite.
- *There's not a cloud in the sky /* No hay una sola nube en el cielo.
- *I'm soaking wet! /* ¡Estoy empapado/a!

3.3. Información sobre el entorno y las actividades de ocio

Cuando hablamos de entorno, dos ideas se nos vienen a la mente. En primer lugar, pensamos en el entorno entendido como inmediaciones, lugares cercanos a nuestro destino turístico y que podemos visitar en una excursión o ruta, algún atractivo recurso próximo. Sin embargo, también el entorno es entendido como otros destinos turísticos cercanos al nuestro.

Ejemplo

Imagínate alojado en un hotel de Sevilla capital. Podemos pensar en visitar el entorno: la campiña sevillana, la sierra norte de Sevilla... Pero si visitamos Carmona, pueblo y destino turístico, no se consideraría entorno, sino visita a otro destino turístico, puesto que Carmona dispone de su propia oferta hotelera, de restauración, monumental, etc.

Centrémonos en el entorno entendido como recurso para la organización de rutas turísticas y la práctica de actividades de ocio y deportivas.

- Un **entorno natural** permite una oferta muy variada que va desde actividades más suaves como los safaris fotográficos o las rutas de senderismo, a las grandes experiencias en deportes de riesgo como el *puenting, rafting* o parapente.

- Un **entorno urbano,** ofrece una oferta más cosmopolita, centrada en actividades de entretenimiento culturales como la ópera, el teatro, estrenos de cine, exposiciones, museos y galerías de arte.

- Un **entorno marítimo** nos da la oportunidad de practicar deportes acuáticos como el paddle surf, la vela, el *surfing* y de hacer excursiones en barco, catamarán...

En definitiva, el tipo de entorno de nuestro destino turístico marca el tipo de turismo que podemos disfrutar en él.

Tourist environment options are increasing
Las opciones de entorno turístico son cada vez mayores

Para poder desenvolvernos en inglés a la hora de hablar de las actividades de ocio, dispondremos en la siguiente tabla los términos más usados:

LEISURE ACTIVITIES
ACTIVIDADES DE OCIO

LISTEN AND REPEAT 🔊 Audio2_14

Go sightseeing	Ver monumentos	*Go to a health club*	Ir a un balneario
Go sunburn	Broncearse	*Go to a fitness club*	Ir a un gimnasio
Go sunbathing	Tomar el sol	*Go to an internet cafe*	Ir a una cafetería con internet
Take a walking tour	Hacer una ruta a pie	*Mail some postcards*	Enviar algunas postales
Go to a club	Ir a una discoteca	*Go shopping*	Ir de compras
Get a ticket for a show	Conseguir una entrada para un espectáculo	*Go to a park*	Ir a un parque
Get a ticket for a concert	Conseguir una entrada para un concierto	*Go to a museum*	Ir a un museo
Make a restaurant reservation	Hacer una reserva en un restaurante	*Rent a car*	Alquilar un coche
Take a bus tour	Hacer una ruta en el bus turístico	*Buy souvenirs*	Comprar recuerdos

4. Elaboración de listados de recursos naturales de la zona, de actividades deportivas y/o recreativas e itinerarios, especificando localización, distancias, fechas, medios de transporte o formas de acceso, tiempo a emplear y horarios de apertura y cierre

Los recursos naturales son indispensables para que pueda existir la vida. Por eso debemos cuidarlos y mantenerlos.

Vocabulario

Recursos naturales: son aquellos bienes que pueden obtenerse de la naturaleza sin mediar la intervención de la mano del hombre. Estos tienen una influencia positiva en el entorno, añadiendo unas condiciones de calidad que lo diferencian del resto.

Los recursos naturales se clasifican en:

- **Recursos renovables**: son aquellos cuya cantidad puede mantenerse o aumentar en el tiempo (plantas, animales, suelo). Estos recursos se utilizan para las actividades recreativas, visitando sus instalaciones, centros de interpretación, etc. Los tipos de energía que se obtienen de ellos son: la energía solar, energía eólica, energía hidráulica, energía geotérmica y la biomasa.

- **Recursos no renovables**: existen en cantidades determinadas y no pueden aumentar con el tiempo (minerales y petróleo). No puede ser cultivado, regenerado o reutilizado, por lo que su consumo es proporcionalmente más rápido que su producción. Por lo que se van agotando progresivamente. La energía que se obtiene de ellos es la nuclear y los combustibles fósiles.

- **Recursos inagotables**: son aquellos recursos renovables que no se agotan ni con el uso ni con el paso del tiempo, sin importar su utilización (aire). Para realizar el listado de recursos naturales de una zona, será necesario contar con información detallada de cada recurso natural de tal manera que podamos saber:

  - Nombre.
  - Localización.
  - Accesibilidad.
  - Propiedad.
  - Tiempo necesario para llegar a él.
  - Horario de accesibilidad.

La tabla siguiente recoge el vocabulario relacionado con los recursos naturales y la energía:

〜〜〜〜〜〜〜〜〜〜〜〜〜〜〜〜〜〜〜〜〜〜〜

NATURAL RESOURCES
RECURSOS NATURALES

LISTEN AND REPEAT 🔊 Audio2_15

Renewable resources	Recursos renovables	*Point source pollution*	Contaminación de una fuente puntual
Non-renewable resources	Recursos no renovables	*Global warming*	Calentamiento global
Fossil fuels	Combustibles fósiles	*Greenhouse effect*	Efecto invernadero
Ore	Mineral	*Acid rain*	Lluvia ácida
Hydroelectric energy	Energía hidráulica	*Contaminated, polluted*	Contaminado
Geothermal energy	Energía geotérmica	*Endangered species*	Especies en peligro de extinción
Wind energy	Energía eólica	*Fumes*	Gases y vapor
Gas hydrates	Hidratos gaseosos	*Ozone layer*	Capa de ozono
Recycling	Reciclaje	*Recycle* *Reuse* *Reduce*	Reciclar Reutilizar Reducir

〜〜〜〜〜〜〜〜〜〜〜〜〜〜〜〜〜〜〜〜〜〜〜

A natural resource makes a tourist destination special
Un recurso natural hace especial a un destino turístico

Por otro lado, las actividades deportivas y recreativas se organizan en función de las infraestructuras deportivas que posee la zona o bien según los recursos naturales en los que puedan ser practicadas.

Vocabulario

Actividades deportivas: son aquellas que suponen la práctica de una de estas disciplinas. Como parte de un deporte, estas actividades deben enmarcarse en un cierto reglamento.

Actividades recreativas: son aquellas acciones que hacen que una persona se entretenga o se divierta. No se realizan por obligación, sino que se llevan a cabo por placer.

Podemos clasificar las actividades deportivas y recreativas en cuatro bloques, según el tipo de zona de la que dispongamos:

- **Zonas acuáticas:** lagos, ríos, embalses y mares.
- **Zonas verdes:** bosques, parques naturales y parques nacionales.
- **Zona de montaña:** sierras, acantilados, montañas.
- **Zonas desérticas:** campiña, desiertos de arena.

Sport activities enrich your trip
Las actividades deportivas enriquecen su viaje

De nuevo, contamos con un banco de palabras para recoger todas las actividades deportivas y recreativas susceptibles de practicarse en cualquiera de las zonas anteriores:

~~~~~~

SPORT ACTIVITIES
ACTIVIDADES DEPORTIVAS

LISTEN AND REPEAT Audio2_16

Archery	Arco	*Golf*	Golf
Badminton	Badminton	*Horse riding*	Montar a caballo
Cricket	Cricket	*Squash*	Squash
Cycling	Ciclismo	*Tennis*	tenis
Kayaking	Kayaking	*Fishing*	Pesca
Rowing	Remo	*Canoeing*	Canoas
Sailing	Vela	*Ice skating*	Patinaje sobre hielo
Water skiing	Ski acuático	*Scuba diving*	Submarinismo
Football	Fútbol	*Hunting*	Caza

RECREATIONAL ACTIVITIES
ACTIVIDADES RECREATIVAS

Watch TV	Ver la tele	*Cook*	Cocinar
Surf the internet	Navegar por internet	*Art and crafts*	Arte y manualidades
Play video games	Jugar videojuegos	*Gardening*	Jardinería
Play a musical instrument	Tocar un instrumento musical	*Gambling*	Apostar
Listen to music	Escuchar música	*Card Games*	Juego de cartas
Read	Leer		

~~~~~~

Vocabulario

Itinerario: es la secuencia de varios puntos en una trayectoria que define, direcciona y describe el camino que va a ser recorrido. Un itinerario incluye lugares, paradas y accidentes que pueden encontrarse en el camino.

Itinerario turístico: toda ruta que transcurre por un espacio geográfico determinado, en el que se describen los lugares de paso, estableciendo etapas, paradas, duración, medios de transporte y actividades a realizar.

Los itinerarios suelen basarse en una serie de visitas o paradas para ver puntos, monumentos, recursos con un hilo conductor o temática concreta. Sin embargo, atendiendo a diferentes factores encontramos varios tipos de itinerarios:

- **Según medio transporte:** hace referencia a itinerarios realizados en tren, barco, coche, a pie.
- **Según duración:** itinerarios de un día, medio día, fines de semana.
- **Según geografía:** ecológicos, lagos, montañas, playas...
- **Según valores artísticos y culturales:** arqueológicos, castillos, monasterios, gastronomía, arquitectura...
- **Según su objetivo:** vacacionales, turismo y salud, turismo social...
- **Según su organización:** a la demanda o a la oferta.

Los itinerarios presentan dos estructuras diferentes:

- **Rutas**: son aquellos itinerarios promovidos por entidades públicas y varían según la demanda, las modas o la tradición. Su objetivo es dar a conocer un espacio determinado en un corto espacio de tiempo.
- **Circuitos**: son rutas organizadas por empresas de turismo especializadas, y pueden incluir alojamiento, alimentación, transporte durante todo el recorrido.

Los itinerarios turísticos, dependiendo de su objetivo, deben incluir ciertos puntos indispensables que atraigan al turista:

- **Monumentos:** torres, iglesias, catedral...
- **Conjuntos arquitectónicos:** ruinas romanas, obras de un arquitecto...
- **Manifestaciones culturales y espectáculos:** festivales de música, cine y teatro...
- **Museos:** pinacotecas, de arqueología...
- **Espacios botánicos y jardines.**

Itineraries describe must see places for tourists
Los itinerarios describen lugares que los turistas deben ver

Ya conocemos los elementos que componen un itinerario, es momento ahora de dedicarnos a su diseño. Para diseñar un itinerario turístico debemos seguir los siguientes pasos:

- **Paso 1: elección del objetivo del itinerario.** Este paso es la base del diseño del itinerario, marcar un destino simple o un itinerario multidestino. Una vez tengamos elegido el objetivo de nuestro recorrido, todo lo demás vendrá de la mano. El objetivo o temática debe incluir los atractivos turísticos más notables de la zona o zonas que comprende el itinerario.

Cuando tengamos el listado de los recursos que lo componen, debemos diseñar un hilo conductor que los una de manera coherente, con sentido, para que el turista vea continuidad y sea más fácil entenderlo. Tras la investigación y aprovisionamiento de información previos, es el momento de la creación del contenido de nuestro itinerario y sus posibles rutas. Para ello, vamos a hablar del *storytelling*.

Vocabulario

Storytelling: es el arte de contar una historia. Esta técnica es utilizada actualmente en marketing para conectar con los receptores del mensaje, quienes son capaces de interiorizar, comprender y sentir emociones enlazadas a sus experiencias personales.

Para que la estrategia del *storytelling* sea exitosa, debe incluir elementos que desencadenen la emoción de los turistas, los valores de la marca (para que se distinga entre la competencia) y positividad. Si crea conexión, será un éxito.

- **Paso 2: información sobre los recursos del itinerario.** La información completa y contrastada de los puntos importantes del recorrido deberá solucionar dudas sobre cada uno de ellos referentes a los siguientes puntos:

    o **Localización**: dirección exacta e incluso coordenada en caso de que se trate de un recurso natural.

    o **Accesibilidad**: se debe conocer de manera certera, dónde se encuentra el acceso a cada punto de interés, el aforo o capacidad por visita para grupos, y si es posible el acceso a personas con movilidad reducida o cualquier otro tipo de discapacidad.

    o **Horarios de apertura y cierre**: importantísimo dato para poder organizar los días y horas de las visitas.

    o **Requisitos de entrada**: muchos de los monumentos de interés turísticos tienen normas de vestimenta para acceder a su interior, además de ciertos comportamientos penalizables que debemos conocer previamente. Para visitar algunos recursos naturales es necesario, además, solicitar un permiso de entrada con anticipación al órgano administrativo competente.

    o **Duración estimada**: el tiempo es un valioso tesoro para el turista. Es preciso ajustar el tiempo de los itinerarios y rutas para rentabilizar cada minuto pagado por este.

- **Paso 3: elegir el medio de transporte adecuado.** El objetivo del itinerario marca el transporte adecuado, pues éste podría ser por aire, tierra o mar. En los casos de las rutas incluidas en el itinerario, podemos hablar de rutas a pie, en bici, a caballo, en helicóptero, avioneta…

- **Paso 4: elegir el alojamiento.** Busquemos el alojamiento adecuado y apropiado al turista que viaja en el itinerario. Es importante e incluso motivador para el grupo, alojarse en hoteles típicos o característicos de la zona, evitando el modelo estándar, si ese fuera el caso. Es primordial adaptarse al perfil del turista en la elección del alojamiento.

- **Paso 5: duración y periodo del año adecuado.** Es importante conocer el clima del destino a visitar para diseñar nuestro itinerario. Algunas de las atracciones turísticas más importantes pueden ser peligrosas en ciertas épocas del año.

La duración del itinerario viene determinada por el perfil del consumidor. Es necesario estimar una duración apropiada en función de la estación y periodos vacacionales que se tenga pensada realizar y que permita un tiempo libre real de los turistas.

It's time to travel
Es hora de viajar

Gracias a los **avances tecnológicos**, estas fases que podían resultar tareas tediosas e incluso difíciles de conseguir en algunos casos, se han visto mejoradas; no solo en fiabilidad y facilidad sino también en velocidad. Existen aplicaciones prácticamente para todo. Ningún viajero sale de su país de viaje sin haber consultado alguna aplicación que le informe o le ayude a planificar su viaje.

 **Saber más**

Es el caso de la aplicación que crea rutas personalizadas en función de los gustos del turista en archivo PDF. Se trata de un software que aconseja sobre las visitas, monumentos, museos, tiendas, en función del perfil del usuario.

La información es accesible desde cualquier ordenador o cualquier dispositivo con navegador. Este "Asistente Turístico Virtual" te muestra los recursos disponibles con rutas personalizadas, tiene atención 24 horas, 7 días de la semana y ofrece información actualizada, multilingüe y amiga del medioambiente, puesto que se disminuye el gasto de impresión de catálogos y folletos.

No hay que ver estos avances de otra forma que positivamente, pensando en la adaptación y en estar cuanto antes formando parte de ellos y no como una amenaza a nuestro negocio.

Las **nuevas tecnologías** intervienen en todos los sectores económicos, y el sector turístico no va a ser menos. Precisamente, la característica de la intangibilidad del servicio o producto turístico unido a su carácter subjetivo (experiencia turística) hace que sea más dado a la adaptación a nuevos modelos virtuales.

Pensando en el futuro, las oficinas de turismo deben presentarse en un entorno más abierto y atractivo, donde el uso de tecnologías para el turista se más accesible. El diseño actual e innovador de una oficina de turismo física sincronizada con más presencia online, lo que dotará a los Centros de Información Turística de más efectividad y eficacia en sus tareas.

New technologies are here to stay
Las nuevas tecnologías están aquí para quedarse

 **Importante**

No debemos olvidar que gran parte de la experiencia turística está determinada por el lado humano y las interrelaciones personales. Una cara amable y una sonrisa son las herramientas más mediadoras en una situación de dudas y desconocimiento en una ciudad desconocida, lejos de tu hogar.

En los **Centros de Información Turística** se encuentra personal cualificado y con vocación de servicio al visitante. Su ayuda es esencial para que el visitante decida quedarse más tiempo, además de volver. Los estudios requeridos para desempeñar este puesto son:

- Grado en Gestión Turística.
- Grado en Turismo.
- Técnico Superior en guía, información y asistencias turísticas.

Recuerda

Todos los bloques de empresas turísticas están interconectados entre sí. Dependemos unos de los otros. En la experiencia del turista, todo suma y hemos de trabajar coordinados como un equipo para que nos recuerden y hablen de nosotros cuando vuelvan a sus hogares.

Tourism companies are linked as a big team
Las empresas de turismo están conectadas como un gran equipo

Para describir las habilidades necesarias en un empleado, las capacidades de una persona ante el desarrollo de una actividad, dar instrucciones o explicar reglas de un juego o deporte es preciso conocer y trabajar los **verbos compuestos** o ***"phrasal verbs"***.

Un verbo compuesto es el resultado de unir un verbo más un adverbio o una preposición y que al utilizarlos de esta forma, su significado es diferente. Su complejidad radica en la gran combinación que un solo verbo puede tener dependiendo de la partícula que se le adjunte, pero nada que no pueda superarse con práctica y estudio.

Veamos algunos puntos importantes para poder conocer su funcionamiento.

Revise the basics: PHRASAL VERBS

A phrasal verb is a combination of words:

- ***A verb + a preposition.***
- ***A verb + an adverb.***

They are generally used in spoken English and informal texts. We can say there are three types of phrasal verbs:

- ***Phrasal verbs with no object****: some phrasal verbs have no object. The verb and the particle are never separated.*
    - o *"I get up at 6:00"* (Me levanto a las 6).
    - o *"What time are you coming back tonight?"* (¿A qué hora vuelves esta noche?).

- ***Phrasal verbs with an object - separable****: some phrasal verbs have an object and can be separated, in other words, we can put the object before or after the particle. If the object is a pronoun, it always goes between the verb and the particle.*
    - o *"Can you fill in this form? / Can you fill this form in?"* (¿Puede usted rellenar este formulario?).
    - o *"I put it on"* (Me lo pongo).

- ***Phrasal verbs with an object - inseparable****: some phrasal verbs have an object but can't be separated; the verb and the particle must stay together, even if the object is a pronoun. Some phrasal verbs have two particles, they are never separated. Examples:*
    - o *"My sister looks after her brother"* (Mi hija cuida de su hermano).
    - o *"She's looking forward to her holidays"* (Ella está deseando que lleguen sus vacaciones).

Los verbos compuestos más usados en el "*inglés de la calle*", es decir, el oral o hablado, y qué debemos conocer son los siguientes:

PHRASAL VERBS VERBOS COMPUESTOS *LISTENING* 🔊 Audio2_17			
Check out	Pasar por caja	**Turn up**	Aparecer
Check in	Registrarse	**Turn down**	Rechazar
Close down	Cerrar	**Turn on**	Encender
Give away	Deshacerse de algo	**Turn off**	Apagar
Give up	Dejar, abandonar	**Ask for**	Solicitar
Open up	Abrir	**Be out of**	Estar fuera de
Pay back	Devolver dinero	**Get away from**	Alejarse de
Pick up	Recoger a alguien/algo	**Look after**	Cuidar
Put away	Sacar	**Look for**	Buscar
Put on	Ponerse	**Look forward to**	Deseando de que
Send back	Enviar de vuelta	**Look round**	Mirar alrededor
Take back	Devolver	**Move back to**	Volverse
Try on	Probarse		

Ejemplo

Surrender
- *What does surrender mean?* / ¿Que significa rendirse?
- *I give up!* / ¡Me rindo!

Truco

Para memorizar los verbos compuestos es aconsejable estudiar cada verbo con su significado específico para recordarlo más fácilmente.

5. Información sobre la legislación ambiental que afecta al entorno y a las actividades de ocio que en su marco se realizan

Desde hace años, expertos alertan sobre la degradación medioambiental procedente de la actividad turística a lo largo del globo. Nos dicen que si mantenemos el modelo de desarrollo que tenemos, las consecuencias en el planeta y en la humanidad serán irreparables.

Sin embargo, no ha sido hasta el momento en el que los signos han sido visibles (agujero de la capa de ozono, cambio climático) que los países están tomando medidas para instalar unos nuevos planes de desarrollo turístico sostenibles.

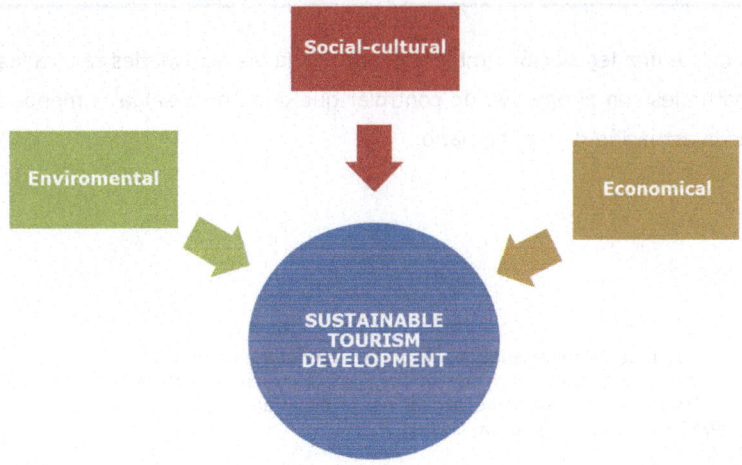

 **Importante**

Hay que marcar unos límites que aseguren la conservación de la naturaleza y de la vida tal y como las conocemos hasta ahora.

He aquí algunos de los impactos medioambientales negativos causados por las actividades turísticas en entornos naturales:

DAMAGING ENVIRONMENTAL IMPACTS **IMPACTOS MEDIOAMBIENTALES DAÑINOS**	
LISTENING 🔊 Audio2_18	
Natural surroundings activities may cause environmental damages as:	Actividades en el entorno natural pueden causar daños medioambientales como:
• *Soil erosion on tracks.* • *Habitat loss forcing fauna.* • *Noticeable increase of noise emissions in the area.* • *Garbage Contamination and toxic gases.* • *Destruction of flora.* • *Loss of vegetation cover.* • *New road access.* • *Atrocities.*	• Erosión del suelo en caminos. • Desplazamiento de la fauna. • Aumento sensible de ruidos en la zona. • Contaminación por basuras y gases nocivos. • Destrucción de la flora. • Pérdida de cubierta vegetal. • Apertura de nuevos accesos en vehículos. • Atropellos.

En España existe una legislación ambiental que regula las actividades realizadas en los entornos naturales con el objetivo de controlar que el entorno salga lo menos dañado posible tras la actuación del ser humano.

 **Legislación**

- Ley 41/2010, de 29 de diciembre, de protección del medio marino.
- Real Decreto 258/1989, de 10 de marzo, por el que se establece la normativa general sobre vertidos de sustancias peligrosas desde tierra al mar.
- Ley 22/1988, de 28 de julio, de Costas.

Esta normativa se encarga de proteger las aguas de nuestro país. Controlan los vertidos de las aeronaves para proteger a las especies amenazadas marinas y también para la declaración de zonas marinas protegidas. Así mantienen un buen estado ambiental marino mediante una buena planificación de las actividades que se realizan en el mar. También garantizan el uso público del mar teniendo en cuenta un control del nivel de calidad de las riberas del mar y de las aguas.

legislación

- Orden ARM/2444/2008, de 12 de agosto, por la que se aprueba el Programa de Acción Nacional de Lucha contra la Desertificación.
- Real Decreto 1421/2006, de 1 de diciembre, por el que se modifica el Real Decreto 1997/1995, de 7 de diciembre, por el que se establecen medidas para contribuir a garantizar la biodiversidad mediante la conservación de los hábitats naturales y de la flora y fauna silvestres.
- Real Decreto 416/2014 de 6 junio por el que se aprueba el Plan sectorial de turismo de naturaleza y biodiversidad 2014-2020.
- Real Decreto 1803/1999, de Real Decreto 439/1990, de 30 de marzo, por el que se regula el Catálogo Nacional de Especies Amenazadas.

Toda esta normativa regula el uso y disfrute de las áreas protegidas y la biodiversidad de la península. Por lo tanto, controla la interacción entre turismo y biodiversidad.

Rules and regulations are needed to keep save our planet
Las normas y las leyes son necesarias para mantener a salvo nuestro planeta

legislación

- Ley 13/2010, de 5 de julio, por la que se modifica la Ley 1/2005, de 9 de marzo, por la que se regula el régimen del comercio de derechos de emisión de gases de efecto invernadero, para perfeccionar y ampliar al régimen general de comercio de derechos de emisión e incluir la aviación en el mismo.
- Ley 40/2010, de 29 de diciembre, de almacenamiento geológico de CO_2.
- Ley 1/2005 de 9 de marzo, por la que se regula el régimen del comercio de derechos de emisiones de gases efecto invernadero.

Estas normas protegen las energías renovables y controlan las consecuencias del cambio climático. Regulan la emisión de gases efecto invernadero a la atmósfera, por lo que afecta directamente a todas las empresas turísticas de transporte.

legislación

- Ley 21/2013 de 9 de diciembre, de evaluación ambiental. Determina la compatibilidad ambiental de un determinado proyecto.
- Ley 37/2003 de 17 de noviembre del Ruido.
- Ley 26/2007 de 23 de octubre de Responsabilidad Medioambiental.

Estas leyes de carácter general afectan a la organización de actividades para grupos y en el diseño de los itinerarios vistos anteriormente.

En España existe una **jerarquía normativa** con diferentes tipos de leyes y normas que elaboran los poderes del estado, con la finalidad de regular todos los ámbitos legislativos de nuestra sociedad. Los órganos legislativos son los que crean la mayoría de las leyes españolas, pudiendo delegar en el Gobierno la potestad para la creación de diferentes normas con rango equivalente al de ley.

Jerarquía de leyes en España:

- **Constitución de 1978 y tratados internacionales.** La Constitución, los tratados internacionales y toda la normativa comunitaria, se encuentran al mismo nivel.
- **Leyes orgánicas.** Las leyes orgánicas son aquellas que desarrollan los derechos fundamentales y libertades públicas, las que aprueban los estatutos de autonomía y la LOREG, de régimen electoral general.
- **Leyes ordinarias.** Se encuentran al mismo nivel que las leyes orgánicas. Se encargan de regular materias que no estén reservadas a ley orgánica y para su aprobación se necesita mayoría simple de cada una de las cámaras.
- **Leyes de bases.** Las leyes de bases son leyes que delegan al Gobierno la potestad para que dicte normas con rango de ley.
- **Otras leyes:**
  - Leyes básicas: son leyes que dicta el Estado (poder legislativo) para que desarrollen las comunidades autónomas mediante sus propias leyes.
  - Leyes Marco: leyes que se dictan por el Estado, pero tienen como finalidad transferir competencias a las comunidades autónomas, que son de titularidad exclusiva del Estado.
  - Leyes de Armonización: la finalidad de estas leyes es principalmente el interés nacional. Tienen como destinatarios las Comunidades Autónomas y se usan básicamente para armonizar (modificar) las disposiciones creadas por las comunidades autónomas, donde el Estado tenga un especial interés.

 **Obligatorio**

Las leyes son necesarias para mantener la convivencia entre todos los habitantes del planeta y entre éstos y la naturaleza. No debemos pensar que son un fastidio o un impedimento para desarrollar nuestras actividades. Son de **obligado** cumplimiento y no debemos menospreciar su utilidad.

Veamos algunas expresiones y vocabulario útil para hablar de leyes y normas:

LAWS VOCABULARY
VOCABULARIO DE LEYES / NORMAS

LISTEN AND REPEAT 🔊 Audio2_19

Laws	Leyes / Normas	*Comply with the law*	Cumplir con la ley
Rules	Reglas	*Break the rules*	Romper las normas
To protect people	Proteger a la gente	*It's legal to*	Es legal...
To protect properties	Proteger propiedades	*It's illegal to*	Es ilegal...
To prevent chaos	Prevenir el caos	*Do something illegal*	Hacer algo ilegal
To keep order	Mantener el orden	*A rebel*	Un rebelde
To be civilised	Ser civilizados	*A rebellious person*	Una persona rebelde
To be allowed to	Tener permiso para...	*A rebellion*	Una rebelión
To be permitted	Estar permitido	*Introduce a new law*	Presentar una ley nueva
Follow the rules	Seguir las reglas	*Protest against new laws*	Protestar contra una nueva ley

6. Sensibilización del cliente en conservación de los recursos ambientales utilizados

Las personas consumidoras de productos y servicios turísticos juegan un papel muy importante a la hora de poner en práctica el respeto al medioambiente.

El turismo conlleva prácticas con impactos negativos indiscutibles como la deforestación por la ocupación masiva del territorio debido al crecimiento de infraestructura hotelera y de transportes, la explotación incontrolada de recursos como el agua, la contaminación de basuras en bosques y parques.

We must be eco-friendly
Debemos ser amigos del medioambiente

Es cierto que se requiere adoptar estrategias políticas y administrativas para regular estos comportamientos, muchas de ellas mencionadas en el epígrafe anterior.

Sustainability is the balance between environment the economy and ethics.
La **sostenibilidad** es el equilibrio entre el medio ambiente, la economía y la ética.

"Unsustainable travel is scary" – Kay Rodriguez.
"El viaje no sostenible da miedo" – Kay Rodriguez.

Por otra parte, sí hay algo que como ciudadanos podemos plantearnos y es la sensibilización por el medioambiente, su cuidado y mantenimiento sin llegar al derroche continuo de energía y recursos naturales. Para ello, es recomendable recoger una serie de buenas prácticas para concienciar al turista del bien que puede llegar a hacer con un comportamiento responsable.

Guía de buenas prácticas para un turismo sostenible:

- Industria hotelera:
    o Consumo responsable del agua en zonas ajardinadas (riego).
    o Ahorro del consumo de energía eléctrica (mantenimiento de maquinaria).
    o Invertir en energías renovables (paneles solares).
    o Control de residuos y emisiones a la atmósfera.
    o Evitar excesos en el consumo de energía del sistema de climatización realizando controles de los termostatos en los equipos individuales.
    o Aislar las ventanas de los edificios.

- Empresas organizadoras de actividades en espacios naturales:
    o Organizar actividades planificadas y coordinadas con la normativa reguladora de los usos de espacios naturales.
    o Desarrollar las actividades siguiendo las sendas ya marcadas, no improvisar atajos.
    o Mostrar respeto en todo momento por los habitantes de la zona y sus propiedades.
    o No hacer fuego en ningún lugar ni con ningún motivo.
    o Trasportar las basuras hasta el final de la actividad.

- Visitantes, viajeros y turistas:
    o Recomendar que elijan empresas *"eco-friendly"*, es decir, amigas del medioambiente.
    o Alertar de la conservación de los recursos de la zona para que provoquen el mínimo impacto medioambiental.
    o Recordarles las buenas prácticas de: no abandonar residuos, no recolectar plantas ni objetos de la zona, ser cautos con el fuego, no molestar a los animales, etc.

El siguiente listado de palabras y expresiones ampliará nuestros conocimientos sobre el cuidado del medioambiente y nos facilitará conversaciones con los turistas sobre el este asunto.

∿∿∿∿∿∿∿∿∿∿∿∿∿∿∿∿∿∿∿∿∿∿∿∿∿∿∿∿∿∿∿∿∿∿∿∿

ENVIRONMENT VOCABULARY
VOCABULARIO DE MEDIOAMBIENTE

LISTEN AND REPEAT 🔊 Audio2_20

Reserve resources	Reservar recursos	*Do not light a fire on a natural forest*	No encender fuego en un bosque
Stock resources	Almacenar recursos	*Using public transport*	Usar el transporte público
Soil / water	Suelo / agua	*To cope / to tackle*	Enfrentarse / abordar
Minerals	Minerales	*To prevent*	Prevenir
Animals / fauna	Animales / fauna	*To act / to take action*	Actuar/ tomar medidas
Vegetation, plants, flora	Vegetación, plantas, flora	*To fight / combat*	Luchar / combatir
Limit our carbon footprint	Reducir nuestra huella de carbono	*Community projects*	Proyectos comunitarios
Climate change	Cambio climático	*Shared transport*	Transporte compartido
Respect animal´s lives	Respetar la vida de los animales	*Heat insulation*	Aislamiento térmico
Take care of excessive consume of water and energy	Cuidar el consumo excesivo de agua y energía	*Energy-efficient light-bulbs*	Bombillas de bajo consumo
Do not throw waste in public or natural areas	No arrojar residuos en zonas públicas o naturales	*Do not light a fire on a natural forest*	No encender fuego en un bosque

∿∿∿∿∿∿∿∿∿∿∿∿∿∿∿∿∿∿∿∿∿∿∿∿∿∿∿∿∿∿∿∿∿∿∿∿

Echemos un vistazo a los patrones que se repiten en la lengua inglesa a la hora de usar las formas verbales.

Revise the basics: VERBS PATTERN

*We can use INFINITIVE **with TO** after many verbs: "It's very difficult to find a room available in August".*

*We can use INFINITIVE **without TO** after all modal verbs (except ought): "He can book a room for you".*

*We can use the **gerund (VERB + -ING)** after some verbs and after phrasal verbs: "Surfing the Internet helps me to find the best offers", "I'm looking forward to hearing from you".*

*We can use **VERBS + OBJECT + INFINITIVE (with or without) TO:** "They want us to go with them"; "Our boss makes us work on holidays".*

The Global Sustainable Tourism Council set the objectives for a sustainable development 2030
El Consejo Mundial del Turismo Sostenible marca objetivos de desarrollo sostenible 2030

7. Recogida de información del cliente sobre su satisfacción con los servicios del alojamiento turístico

Con las nuevas tecnologías el turista abandona la pasividad, ahora le gusta formar parte de la organización de su viaje, y cada vez más disfruta interesándose por las opiniones, las emociones y las experiencias que puede ofrecerle una empresa turística. Navega por Internet, visita los foros de opinión, interactúa con otros usuarios buscando la información que le hará decidirse por un destino, un desplazamiento, una marca.

Este rol tan participativo debe ser aprovechado e involucrar al cliente de servicios turísticos, concretamente a los de alojamiento, a que nos ayuden a medir parámetros muy necesarios para mejorar y ser competitivos. Dichos parámetros son:

- **La oferta.**
- **La demanda.**
- **La rentabilidad de los servicios.**
- **La competitividad, innovación.**
- **Sostenibilidad.**
- **La satisfacción de los propios clientes.**

Por lo tanto, podemos decir que las encuestas de satisfacción harán que:

- **La imagen de marca creada se diferencie del resto de empresas:** las opiniones de clientes en tu web o en una comunidad de viajeros online puede beneficiar perfilando y dando forma a la propia marca del establecimiento.
- **Evitarán que los clientes abandonen:** conoceremos lo que está mal o es objeto de insatisfacción y actuaremos en consecuencia.
- **Mejorarán la experiencia de cliente:** un cliente satisfecho expresará libremente opiniones en cualquier medio social, accesible para millones de personas y con un coste bastante bajo.
- Lograrán una imagen de **marca positiva.**
- **Conseguirá clientes leales:** los clientes felices siempre vuelven.

Customer satisfaction enquiries trigger incomes
Las encuestas de satisfacción generan ingresos

Estas encuestas pueden realizarse en el propio alojamiento, cuando el cliente hace el *check-out* en recepción. La ventaja de este tipo de encuestas es que, si el personal de recepción detecta alguna insatisfacción por parte del cliente, puede interactuar en ese momento, influyendo en el resultado de la encuesta para que sea más satisfactoria y enmendar una mala opinión en las redes sociales, con consecuencias catastróficas.

De manera externa, una vez que el cliente se haya marchado, es posible recoger opiniones en páginas web en las que dan la oportunidad a viajeros a que cuenten sus experiencias y así motivar a otros a decidirse por ese destino.

Veamos ahora el banco de palabras que nos permitirá entender y manejar un cuestionario de satisfacción del cliente.

CUSTOMER SATISFACTION VOCABULAR
VOCABULARIO DE SATISFACCIÓN DEL CLIENTE

LISTEN AND REPEAT 🔊 Audio2_21

Level of satisfaction	Nivel de satisfacción	*Friendliness*	Amabilidad
Excellent	Excelente	*Kindness*	Gentileza
Good	Bueno	*Cleanliness*	Limpieza
Satisfactory	Satisfactorio	*Quality*	Calidad
Unsatisfactory	Insatisfactorio	*Value for money*	Relación calidad precio
Very poor	Muy malo	*Accessibility*	Accesibilidad
Not applicable	No corresponde	*Right / wrong*	Correcto / Incorrecto
Easy /difficult	Fácil / difícil	*Complaint*	Queja
True / false	Verdadero / falso	*Useful / useless*	Útil / inútil
Arrival/ departure	Llegada / salida	*Cheap / expensive*	Barato / caro
Check-in / check-out	Registro entrada y salida	*Rate your experience*	Valore su experiencia
Important	Importante	*Highly satisfied*	Altamente satisfecho
Recommended	Recomendado	*Satisfied*	Satisfecho
Good experience	Buena experiencia	*No satisfied*	No satisfecho
Bad experience	Mala experiencia	*Dissatisfied*	Desatisfecho
Disappointed	Frustrado / disgustado	*Highly dissatisfied*	Altamente desatisfecho
Feedback	Retroalimentación		

Los medios a través de los que podemos realizar estas encuestas de satisfacción pueden ser de manera presencial o a distancia. Veamos qué ventajas e inconvenientes podemos encontrarnos en cada caso y cómo enfrentarnos a ellos:

- **De manera presencial**: cara a cara en el propio alojamiento.

  o Ventaja: la interacción con el cliente. El cliente puede encontrar estos cuestionarios en su propia habitación o en las zonas comunes del alojamiento: recepción, cafetería, salones y terrazas. Si tiene dudas sobre alguna pregunta o no tiene claro dónde entregarlo, se le puede ayudar en el momento; situación preciada ya que, al detectar alguna insatisfacción, podría ser resuelta antes de su marcha y evitar así resultados negativos.

  o Inconveniente: se presenta en el momento de entrega o recogida ya que suele coincidir con la facturación y *check-out* de clientes. Este momento es delicado, sobre todo en temporada alta, puesto que puede darse la coincidencia de acumulación de salidas y la recogida en condiciones óptimas de los cuestionarios puede verse perjudicada.

- **A distancia**: mediante llamadas telefónicas, correo electrónico y formularios online.

  o Encuestas realizadas por vía telefónica: tienen la ventaja de que las preguntas se han realizado con suficiente tiempo, por lo tanto, están preparadas, pensadas y adaptadas a la información que deseamos conseguir. El inconveniente, claramente, es la incomodidad que le supone al cliente dedicar parte de su tiempo a atender la llamada, cuando ya la experiencia forma parte de su pasado. Las realizadas por correo electrónico, sin embargo, palían esta incomodidad al poder el cliente elegir el momento de su realización y envío.

  o Formularios online o a través de aplicaciones: son los más cómodos y atractivos para el cliente, pueden ser interactivos, se envían y contestan rápidamente y pueden decidir el momento ya que pueden realizarse desde el propio móvil aprovechando los tiempos muertos de los que disponga el cliente. La gran ventaja de este medio es que el cliente se encuentra libre para contestar, y con tiempo para pensar sus respuestas. El inconveniente inmediato, que se lo deje para más tarde y se le olvide realizarla.

 **Recuerda**

Las encuestas de satisfacción del cliente son la mejor herramienta para conocer sus servicios y cómo mejorarlos. Si están satisfechos, los ingresos aumentarán y los objetivos serán alcanzados, por lo que este tipo de mediciones deben convertirse en un hábito dentro de su empresa.

Resumen

El proceso de información turística desde la recogida hasta la entrega al turista o visitante es amplio y debe estar bien planificado. El personal que desarrolla esta tarea debe cumplir requisitos académicos, de formación, pero también otras habilidades importantes para desarrollar eficazmente sus labores en el Centro de Información Turística.

En España disponemos de organismos oficiales que velan por el sector turístico, mencionado particularmente Turespaña.

El conocimiento del entorno, el diseño de itinerarios y rutas se ven completados con las estrategias de precios. EL uso de las nuevas tecnologías en el sector también juega un papel fundamental en ellos.

La legislación vigente es un dato a tener en cuenta para el desarrollo legal de cualquier negocio.

Los recursos naturales y el medioambiente son la materia prima en la mayoría de los destinos del producto turístico. La sensibilización del turista hacia ellos junto un código de buenas prácticas del sector en general, nos lleva al desarrollo del turismo sostenible.

Glosario

Circuito

Recorrido cerrado y generalmente fijado con anterioridad que vuelve al punto de partida.

cCódigo QR

Un código QR (*Quick Response Code*, "código de respuesta rápida") es un código de barras bidimensional cuadrada que puede almacenar los datos codificados. En la mayoría de los casos es un enlace a un sitio web (URL). Es la evolución del código de barras.

Competencia

Disputa entre personas, animales o cosas que aspiran a un mismo objetivo o a la superioridad en algo.

Destino

Lugar a donde va dirigido alguien.

Entorno

Conjunto de circunstancias o factores sociales, culturales, morales, económicos, profesionales, que rodean una cosa o a una persona, colectividad o época e influyen en su estado o desarrollo.

Itinerario

Ruta en la que se describen los lugares por los que se pasa.

Organismo Oficial

Institución que desempeña una labor cultural, económica, social...

Ruta

Camino determinado que va de un sitio a otro.

Turista

Visitante con la condición que debe pernoctar en el destino, esto es, que se quede por al menos 24 horas y no más de 1 año; los motivos pueden ser personales, profesionales o de negocios.

Viajero

Cualquier persona que se encuentre realizando un viaje (por cualquier motivo) entre dos lugares geográficamente distintos y fuera de su entorno habitual.

Visitante

Personas que viajan a un destino principal distinto al de su lugar de residencia, por una duración inferior a un año, con cualquier propósito. Pueden ser nacionales cuando viajan dentro de su mismo país e internacionales cuando lo hace fuera de su país de origen.

Ejercicios de autoevaluación

1. En la clasificación de los Centros de Información Turística, ¿qué tipo de centros se encuentran en la clasificación "según titularidad"?

a. Oficinas fijas o ambulantes.

b. Oficinas temporales o permanentes.

c. Oficinas privadas, públicas y mixtas.

d. Oficinas de origen o de destino.

2. Turespaña es un organismo oficial adscrito al:

a. Ministerio de Defensa.

b. Ministerio de Asuntos Exteriores, Unión Europea y Cooperación.

c. Ministerios de Industria, Comercio y Turismo.

d. Ministerio del Interior.

3. ¿Cómo se denominan todas las fases del proceso de información turística?

a. Fases de diagnóstico, contrastación, almacenamiento, actualización y de intercambio de información.

b. Fases de diagnóstico, contratación, actualización y de intercambio de información.

c. Fases de diagnóstico, contrastación y de intercambio de información.

d. Fases de almacenamiento, actualización y de intercambio de información.

4. Qué expresión se utiliza para decir "¿en qué puedo ayudarle?":

a. Thank you for being here.

b. Welcome to the hotel.

c. We appreciate your visit.

d. How can I help you?

5. ¿Cuál de estos organismos oficiales no es nacional?

    a. OMT.

    b. IET.

    c. Turespaña.

    d. ICTE.

6. ¿Qué elementos de la siguiente lista no se consideran parte de la información turística?

    a. Service providers.

    b. Intangibility.

    c. Prices and rates.

    d. Terms and conditions.

7. En el bloque perteneciente a las empresas de ocio y entretenimiento se encuentran incluidas las empresas:

    a. Hotels and campsites.

    b. Taxis and train stations.

    c. Theatre, cinemas and art galleries.

    d. Restaurants and bars.

8. Nombra la estrategia de precios que consiste en fijar un precio en función de la relación entre precios y atributos del producto:

    a. Estrategia de competición.

    b. Estrategia diferencial.

    c. Estrategia psicológica.

    d. Estrategia de grupos de productos.

9. ¿Cuál es el primer paso en el diseño de una ruta o un itinerario?

    a. Comercializarlo.

    b. Definir las actividades a desarrollar.

    c. Determinar la duración.

    d. Definir la temática.

10. ¿Qué expresión se utiliza para decir que "hoy hace fresco"?

    a. It's hot today.

    b. It's chilly today.

    c. It's foggy today.

    d. It's snowing.

U. A. 3. Atención al cliente de servicios turísticos en inglés

Introducción

La atención al cliente de servicios turísticos es la razón de ser de todas las empresas del sector turístico, por lo que dominar las estrategias para alcanzar la excelencia en el trato con el cliente es básico para que el cliente quede satisfecho.

Por este motivo, es muy importante conocer los pensamientos del cliente, ya que nos permite mejorar. Disponer de mecanismos para recoger su opinión y saber lo que le gusta o no, es fundamental para cualquier empresa turística.

En esta unidad, profundizaremos en estos aspectos para mejorar la atención al cliente en servicios turísticos.

Objetivos

- Conocer los métodos de tratamiento al cliente desde el momento que hace su reserva hasta el momento en que abandona el establecimiento.
- Identificar a clientes insatisfechos y ayudarles a sentirse mejor, salvando la situación en la medida de lo posible.
- Desenvolverse en el tratamiento de quejas y reclamaciones para solucionarlos con éxito.
- Saber qué hacer en casos de emergencia sanitaria, social o accidente.

1. Terminología específica en las relaciones turísticas con clientes

Los clientes que consumen servicios turísticos son denominados de diferentes maneras: según procedencia, duración de su visita, si pernocta o no, según motivo de su viaje. Ya conocemos lo que motiva al turista, al viajero, al viajante e incluso al visitante. Lo hemos estudiado, clasificado y hasta traducido. Sin embargo, no hemos hablado de la única característica que tienen en común o, mejor dicho, la necesidad o deseo que todos comparten: **el trato personalizado y el gusto por los detalles**.

Las empresas de servicios turísticos deben ofrecer un servicio de calidad basándose en el cumplimiento de las expectativas creadas del cliente hacia ellos. Esto se logra si tomamos como punto de partida una **cultura general de servicio** en la que la predisposición del personal encargado de prestarlos no es otra que servir al cliente.

Esta **vocación de servicio** se transmite:

- En el tono de voz del empleado.
- En su ritmo de trabajo.
- En la escucha proactiva hacia el cliente.
- La capacidad de controlar sus emociones.
- Su capacidad de sonreír.

Lovable details
Detalles que enamoran

Si a estas habilidades interpersonales le añadimos habilidades profesionales como el **conocimiento del idioma** del cliente, el **manejo de las tareas profesionales** que desempeña y una **imagen personal cuidada y profesional,** el éxito está garantizado.

Anotación

Todos los profesionales del turismo hemos estado ocupando en alguna ocasión "el otro lado" y por eso debemos saber qué sensaciones deben embargar al cliente para sentirse querido y qué comportamientos buscan en los profesionales que los atienden. No se trata de otra cosa que de no hacer lo que no te gustaría que te hicieran.

Entre las acciones y comportamientos que demuestran que los clientes son lo más importante para nosotros están:

- Mantener control visual con el visitante que espera a ser atendido o durante el servicio.
- Evitar las charlas con compañeros y juguetear con objetos de manera distraída.
- Asentir regularmente cuando el cliente se dirige a nosotros para demostrar que estamos entendiendo su petición.
- Ser simpático.
- Mantener la postura correcta sin apoyarse en paredes ni mobiliario mientras se atiende al cliente.
- Evitar meterse las manos en los bolsillos y cruzarse de brazos.
- Intentar llamarle por su nombre y adelantarse a gustos si se conocen.

7 GUEST SERVICE GUIDELINES:

1. *Be **happy** make eye contact and smile!*
2. *Be like **sneezy**… greet and welcome each and every gest. Spread the spirit of hospitality… It's contagious!*
3. *Don't be **bashful**… seek out guest contact!*
4. *Be like **doc**… provide immediate service recovery!*
5. *Don't be **grumpy**… always display appropriate body language at all times!*
6. *Be like **sleepy**… create DREAMS and preserve "MAGICAL" guest experience!*

7. *Don't be **dopey**... thank each and every guest!*

Sugerencia

Si no queremos perder clientes debemos brindarle la atención esperada y prestarle servicios que cubran sus expectativas.

Es importante no cometer errores, pero somos humanos y los errores se cometen, sin embargo, es fundamental tener la capacidad de reconocerlos y rectificarlos. Así que vamos a identificar aquellas acciones que comprometen nuestra imagen y el futuro de nuestra empresa:

- Contratar empleados que no posean vocación de servicio ni orientación al cliente. Este error es bastante común y cuando lo detectamos es, en la mayoría de las ocasiones, tarde.
- La medida del tiempo no es la misma para sus clientes que para empleado. Está en función de la actividad de los clientes y del momento de las vacaciones en el que se encuentren. No hagamos que sientan que pierden tiempo.
- El valor del dinero no tiene el mismo significado para el empleado que para los clientes, ni para los clientes entre sí. El dinero tiene un valor relativo, simbólico, normalmente relacionado con las circunstancias que envuelven al gasto del mismo.

Truco

No podemos permitirnos el lujo de rectificar cada vez que se maltrata al cliente. A largo plazo pasa factura y nos marca de forma negativa. El mejor truco es atender a nuestra clientela de forma delicada. Cada cliente es único y merece una atención especial, directa y personalizada.

Everyone smiles in the same language
Todos sonreímos en el mismo idioma

A lo largo del curso, hemos conocido las diversas etapas del producto turístico, desde que el cliente decide viajar a un destino hasta que se marcha del mismo. Vamos a reunir ahora la terminología específica que necesitamos conocer para relacionarnos con el cliente una vez que toma la decisión de abandonar su país de origen y embarcarse en la experiencia turística.

Los siguientes bancos de palabras nos presentan los términos específicos para hablar de los principales transportes turísticos y sus infraestructuras.

AT THE TRAIN STATION
EN LA ESTACIÓN DE TREN

LISTEN AND REPEAT 🔊 Audio3_1

To be late	Llevar retraso	*Ticket office*	Ventanilla
To miss the train	Perder el tren	*First class*	Primera clase
To get on	Subir	*Second class*	Segunda clase
To get off	Bajar	*Departures*	Salidas
To change trains	Hacer transbordo	*Arrivals*	Llegadas
Passenger	Pasajero	*Reduced rate*	Tarifa reducida
Steam train	Tren de vapor	*One-way ticket*	Billete de ida solamente
Dining car	Coche restaurante	*Return ticket / round-trip ticket*	Billete de ida y vuelta
From	Procedente de	*Single ticket*	Billete de ida
To	Con destino a	*Standard rate*	Tarifa normal
Ticket collector	Revisor	*Waiting room*	Sala de espera
Left luggage	Consigna	*Coach*	Vagón
On time	Puntual	*Express train*	Tren rápido
Platform	Andén	*Fast train*	Tren expreso
Railway station	Estación	*Local train*	Tren de cercanías
Left luggage lockers	Consigna automática	*Do not lean out of the window*	No asomarse por la ventana

AT THE AIRPORT
EN EL AEROPUERTO

LISTEN AND REPEAT 🔊 Audio3_2

Air hostess	Azafata	*Flight attendant*	Azafata, auxiliar de vuelo
Air traffic control	Control de tránsito aéreo	*Flight number*	Número de vuelo
Aircraft	Avión, aeronave	*Gate*	Puerta
Airline	Aerolínea	*Immigration*	Inmigración
Airline counter	Mostrador	*International flight*	Vuelo internacional
Aisle seat	Asiento del lado del pasillo	*Landing*	Aterrizaje
Animal in hold	Animal en la bodega	*Life vest*	Salvavidas
Arrivals	Llegadas	*Meal tray*	Bandeja de comida
Arrivals are delayed	Las llegadas están demoradas	*Meeting point*	Punto de encuentro
Arrivals are on schedule	Las llegadas están en horario	*On schedule*	En horario
Baggage (US) / luggage (GB)	Equipaje	*One-way trip*	Viaje de ida

English	Español	English	Español
Baggage claim	Reclamo de equipaje	**Round trip**	Viaje de ida y vuelta
Boarding pass	Tarjeta de embarque	**Seat**	Asiento
Check-in desk	Mostrador de facturación	**Seat belt**	Cinturón de seguridad
Connecting flight	Conexión	**Shuttle bus**	Autobús de traslado
Crew	Tripulación	**Take-off**	Despegue
Customs	Aduana	**Terminal**	Terminal
Delayed	Demorado	**Timetable**	Listado de horarios
Departure lounge	Salón de espera	**Time of arrival**	Hora de llegada
Departures	Salidas	**Actual time of arrival (ATA)**	Hora de llegada real
Departures are delayed	Las salidas están demoradas	**Time of departure**	Hora de salida
Direct flight / non-stop flight	Vuelo directo	**Actual time of departure (ATD)**	Hora de salida real
Duty free	Libre de impuestos	**Turbulence**	Turbulencia
Emergency exit	Salida de emergencia	**To check in**	Facturar el equipaje
Emergency landing	Aterrizaje de emergencia	**To land**	Aterrizar
Excess baggage	Exceso de equipaje	**To take off**	Despegar
Final destination	Destino final	**To fasten the seatbelt**	Abrocharse el cinturón de seguridad

The excitement of your trip starts at the airport
La emoción del viaje empieza en el aeropuerto

Las siguientes frases y expresiones nos ayudarán a entender a los turistas usuarios de medios de transporte como el avión y el tren.

Audio3_3

- *Where is the train station?* ¿Dónde está la estación de tren?
- *Where are the ticket machines?* ¿Dónde están las máquinas de billetes?
- *What time is the next bus? In about ten minutes.* ¿A qué hora es el siguiente autobús? En unos diez minutos.
- *At what time does the bus arrive?* ¿A qué hora llega el autobús?
- *The train's running late.* El tren llega tarde.
- *The train's been cancelled.* El tren ha sido cancelado.
- *What time is the last train?* ¿A qué hora es el último tren?
- *Where is the bus stop?* ¿Dónde está la parada de autobús?
- *Where can I buy a ticket?* ¿Dónde puedo comprar un billete?
- *I'd like to go to...* Me gustaría ir a...
- *Is this the right platform for... station?* ¿Es este el andén correcto para la estación...?
- *Where do I change fo... station?* ¿Dónde cambio para la estación de...?
- *Does this bus go to...?* ¿Va este autobús a...?
- *How much is it to...?* ¿Cuánto cuesta a...?
- *A single, please!* Un billete de ida, por favor.

El siguiente banco de términos podemos ver el vocabulario necesario para entablar conversaciones con los clientes de los servicios de alojamiento.

〜〜〜〜〜〜〜〜〜〜〜〜〜〜〜〜〜〜〜〜〜〜〜〜

ACOMMODATIONS
ALOJAMIENTOS

LISTEN AND REPEAT 🔊 Audio3_4

(bed) Sheets	Sábanas	*Restaurant*	Restaurante
A complaint	Reclamación	*Manager*	Director
Double bed	Cama de matrimonio	*Mattress*	Colchón
Double room	Habitación doble	*Pillow*	Almohada
Double-bedded room	Habitación con cama de matrimonio	*Razor*	Máquina de afeitar
Single bed	Cama individual	*Receipt*	Factura
Single room	Habitación individual	*Reception*	Recepción
Twin-bedded room	Habitación con dos camas	*Receptionist*	Recepcionista
A tip	Propina	*Room service*	Servicio a las habitaciones
Air conditioning	Aire acondicionado	*Shampoo*	Champú
Blankets	Mantas	*Shower*	Ducha
Bath	Bañera	*Shower cap*	Gorra de ducha
Bathrobe	Albornoz	*Slippers*	Zapatillas
Bellboy	Botones	*Soap*	Jabón
Bill	Cuenta	*Soap dispenser*	Jabonera
Dining room	Comedor	*Stairs*	Escaleras
Elevator / lift	Ascensor	*Tap / faucet*	Grifo
Chambermaid	Camarera de pisos	*To iron*	Planchar
Hair dryer	Secador de pelo	*Toilet*	Váter
Laundry service	Servicio de lavandería	*Toilet paper*	Papel higiénico
First (second/ third/fourth) floor	Primera (segunda/ tercera/cuarta) planta	*Toothbrush*	Cepillo de dientes
Heating	Calefacción	*Toothpaste*	Pasta dentífrica / pasta de dientes
Hot water	Agua caliente	*Towel*	Toalla
Key	Llave	*Washbasin*	Lavabo
Key card	Tarjeta llave	*Manager*	Director
Lounge	Salón		

〜〜〜〜〜〜〜〜〜〜〜〜〜〜〜〜〜〜〜〜〜〜〜〜

A comfortable room with a fantastic view
Una cómoda habitación con una vista fantástica

Las siguientes frases y expresiones nos ayudarán a interactuar con turistas en un establecimiento hotelero.

 **listening**

Audio3_5

- *Do you have any rooms available?* ¿Quedan habitaciones libres?
- *How much does it cost per day?* ¿Cuál es el precio por día?
- *How much is full board? / How much is half board?* ¿Cuánto cuesta la pensión completa? / ¿Cuánto cuesta la media pensión?
- *I'm sorry I don't understand. Could you speak more slowly please.* Lo siento, no entiendo. ¿Me puede hablar más despacio por favor?
- *Can you give me the key to room ...?* ¿Puede darme la llave de la...?
- *I'd like to leave a message for Mr...* Quiero dejar un mensaje para el señor...
- *Are there any mail / messages for me?* ¿Hay correo / algún mensaje para mí?
- *Where can I park my car?* ¿Dónde puedo aparcar el coche?
- *Is breakfast included?* ¿Está incluido el desayuno?
- *The room hasn't been made up.* La habitación no está arreglada.
- *Do not disturb.* No molestar.

A continuación, los términos específicos para trabajar con los clientes de una agencia de viajes.

TRAVEL AGENCY
AGENCIA DE VIAJES

LISTEN AND REPEAT 🔊 Audio3_6

Flight	Vuelo	**Holidaymaker**	Veraneante
Trip	Viaje	**Hotel chain**	Cadena hotelera
Passport	Pasaporte	**Parking lot**	Estacionamiento
Currency	Moneda	**Resort**	Lugar de vacaciones
Exchange rate	Cambio de moneda	**Sightseeing tour**	Visita con guía
Itinerary	Itinerario	**Sightseer**	Excursionista
Brochure	Folleto	**Sun lotion**	Bronceador
Car hire	Alquilar un coche	**Sunblock**	Filtro solar
City centre	Centro de la ciudad	**Sunburn**	Quemadura solar
Cruise	Crucero	**Tour operator**	Empresa de viajes
Fortnight	Quincena	**Waiting list**	Lista de espera
Guesthouse	Casa de huéspedes	**Voucher**	Bono
Guide	Guía		

Para conversar con los clientes extranjeros de una agencia de viajes es necesario dominar las siguientes expresiones.

 **listening**

Audio3_7

- *Will this be a one-way ticket, or a round-trip ticket?* ¿Será un pasaje de ida o un pasaje de ida y vuelta?
- *I've heard nothing but positive things about this resort.* No he oído nada más que cosas positivas sobre este complejo.
- *Are you interested in buying travel insurance?* ¿Está interesado en comprar seguro de viaje?
- *This is probably your best option.* Esta es probablemente su mejor opción.
- *We have a lot of package deals to... right now.* Tenemos un montón de ofertas de paquetes a ... justo ahora.
- *You can upgrade to a four-star hotel for... € more.* Usted puede cambiar a un hotel de cuatro estrellas por ...€ más.
- *You'll have to confirm your reservation by the end of tomorrow.* Tendrá que confirmar su reserva mañana antes de finalizar el día.
- *The ticket has to be purchased by (day of the week, date...).* El pasaje tiene que ser comprado el (día de la semana o fecha) a más tardar.

Tanto para organizar un circuito o una ruta como para comercializarla, es necesario el siguiente banco de términos en inglés.

TOURIST SERVICES
SERVICIOS TURÍSTICOS

LISTEN AND REPEAT 🔊 Audio3_8

Activities	Actividades	*In route*	De camino
Architecture	Arquitectura	*Exhibition*	Exposición
Art Gallery	Galería de arte	*Highlight*	Lo destacado
Attractions	Atracciones	*Locals*	Locales: gente de la zona
Map	Plano	*Location*	Localización
Castle	Castillo	*Scenary*	Escenario, vistas
Church	Iglesia	*Site*	Lugar, localización
Conveniences	Ventajas	*Sourrandings*	Entorno, alrededores
		Business district	Centro de negocios en la ciudad
To get your bearings	Orientarse		

Describing ability is a powerful resource
Saber describir es un recurso poderoso

Para describir itinerarios y rutas, destaquemos los siguientes adjetivos.

ADJECTIVES / **ADJETIVOS**	
LISTENING 🔊 Audio3_9	
Ancient	Antiguo/a
Beautiful / gorgeous	Precioso/a
Breathtaking	Impresionante
Traditional	Tradicional
Dangerous	Peligroso/a
Devastating	Desafortunado/a / triste
Elegant	Elegante
Enormous	Gigante
Exciting	Emocionante
Haunted	Encantado
Popular	Muy conocido
Restored	Restaurado/a

2. Usos y estructuras habituales en la atención turística al cliente o consumidor. Saludos, presentaciones y fórmulas de cortesía habituales

Hay que recordar que la llegada del cliente a nuestro establecimiento, ya sea alojamiento, agencia de viajes o empresa de actividades turísticas, es el momento crucial en el que debemos ofrecer lo mejor de nosotros. El recibimiento que se le haga servirá de trampolín para que las expectativas del cliente se vayan cumpliendo a medida que tiene lugar su estancia, o consumo del servicio.

Warm welcome makes people feel loved
Una cálida bienvenida hace que la gente se sienta querida

Las expresiones que vamos a ver, son expresiones formales, que tratan con respeto y deferencia a una clientela exigente.

Audio3_10

- **Welcoming customers / Dar la bienvenida a clientes:**

    o *Good morning / Good afternoon / Good evening.* Buenos días / Buenas tardes / Buenas tardes-noche.

    o *Welcome to...* Bienvenido/a/os/as a...

    o *My name's...* Me llamo...

    o *How can I help you? / How may I help you?* ¿En qué puedo ayudarle?

    o *Please to meet you, Mr. /Mrs...* Encantado/a de conocerle/a, Sr./ Sra...

    o *Glad/ Nice to meet you.* Encantado/a de conocerle.

    o *Hello! Good to see you!* ¡Hola! ¡Qué alegría de verle!

- **Enquiring politely / Preguntar cortésmente:**

    o *Would/Will you please...?* Por favor, ¿podría...?

○ *Would you mind...?* ¿Le importaría...?

○ *Could/Can you please...?* Por favor, ¿podría...?

○ *Excuse me, can I/you...?* Disculpe, ¿podría...?

○ *Will you help me, please?* ¿Me podrías ayudar, por favor?

○ *Can I have/take your name / passport/ ID card...?* ¿Puede decirme/tener su nombre / pasaporte / DNI...?

○ *Excuse me, please.* Permiso, por favor.

Recuerda

Controlar los verbos modales y los condicionales nos hace tener éxito en las conversaciones formales.

- **Giving thanks / Dar las gracias:**

    ○ *Thank you very much.* Muchas gracias.

    ○ *That's very/so kind of you.* Muy amable de su parte.

    ○ *Thank you for your help!* ¡Gracias por su ayuda!

    ○ *You are welcome.* De nada.

    ○ *Yes, please.* Sí, por favor.

- **Apologizing / Pedir disculpas:**

    ○ *I am sorry, I couldn't make it in time.* Disculpe, no pude llegar a tiempo.

    ○ *I am sorry, I got a little late.* Siento llegar un poco tarde.

    ○ *I am sorry for being late.* Siento llegar tarde.

    ○ *Please convey my apologies.* Le ruego que acepte mis disculpas.

    ○ *It was a mistake.* Ha sido un error.

    ○ *Sorry to interrupt you.* Siento haberle molestado.

    ○ *Sorry for the inconvenience.* Disculpe las molestias.

    ○ *I am truly sorry.* Lo siento mucho.

- *Saying goodbye /* **Despedirse:**

  - *I wish you a happy stay / happy vacations!* ¡Le deseo una feliz estancia / felices vacaciones!
  - *Have a nice day!* ¡Qué tenga un buen día!
  - *Good night! See you soon!* Buenas noches y hasta pronto.
  - *Goodbye! Have a nice weekend!* Adiós, ¡Qué tenga un buen fin de semana!
  - *See you later!* ¡Hasta luego!
  - *Take care!* ¡Cuídese!

 **Importante**

La forma de saludar y despedirse, de dar las gracias y de pedir disculpas define la formalidad o informalidad en una conversación.

En el trabajo o en las negociaciones, es necesario establecer puntos de encuentro, reuniones y citas. Estas expresiones hacen que sepamos defendernos dentro de este ámbito como pez en el agua.

- *Starting the meeting /* **Para empezar la reunión:**

  - *Good morning. It looks like everyone's here, so let's get started.* Buenos días. Parece que estamos todos aquí, ¡Empecemos!
  - *I would like to thank you all for attending this presentation. We will start with...* Quisiera darles las gracias por asistir a esta presentación. Empezaremos con...
  - *We are here today to discuss...* Estamos hoy aquí para discutir...
  - *Our goal today is...* Nuestro objetivo de hoy es...
  - *Today we will discuss three points... First...* Hoy discutiremos tres puntos... Primero...

- *Agreeing and disagreeing /* **Estar o no de acuerdo:**

  - *I agree with you a hundred percent.* Estoy de acuerdo contigo en un 100%.
  - *You're absolutely right.* Estás en lo correcto.
  - *I'm afraid I can't agree with you.* Me temo que no puedo estar de acuerdo contigo.
  - *I'm sorry but I disagree.* Lo siento, pero estoy en desacuerdo contigo.

- *Making decisions /* **Tomar decisiones:**

  - *I would like to make a decision before closing the meeting.* Me gustaría tener una decisión tomada antes de acabar la reunión.
  - *Are we all ready to make a decision?* ¿Estamos todos listos para tomar una decisión?
  - *If there aren't any other questions, we should begin working on the new project immediately.* Si no hay más preguntas, deberíamos comenzar a trabajar en el nuevo proyecto inmediatamente.

Brainstorming is a useful practice to innovate
Las tormentas de ideas son prácticas útiles para innovar

- *Closing the meeting /* **Cerrando la reunión:**

  - *Does anyone have anything else to say before we finish?* ¿Alguien tiene otra cosa que añadir antes de terminar?

○ *Are there any final questions?* ¿Hay alguna última pregunta?

○ *Ok. Let's finish here. Thank you all for coming.* Vale. Terminemos aquí. Gracias a todos por venir.

○ *Let's set a time for our next meeting.* Pongamos una fecha para nuestra próxima reunión.

○ *I'll confirm the date and location of our next meeting by email.* Confirmaré la fecha y el lugar de nuestra próxima reunión por email.

∿∿∿∿∿∿∿∿∿∿∿∿∿∿∿∿∿∿∿∿∿∿∿∿∿∿∿∿∿∿∿∿∿∿∿

Saber redactar un discurso de bienvenida es un recurso práctico que hace que presentes los objetivos de un evento, empresa o personales de manera concisa y atractiva, dejando a la audiencia preparada para recibir las mejores expectativas de servicio.

Con el discurso de bienvenida se recibe y se saluda a un visitante o invitado, demostrándole afecto y cariño. No debe ser largo ni minucioso y el tono debe ser cálido, sincero y cordial.

We can develop our public speaking skills
Podemos desarrollar nuestras habilidades para hablar en público

Puede ser un discurso formal o informal, dependiendo de la situación. He aquí los pasos para diseñar un buen discurso de bienvenida.

- **Paso 1.** *Greeting the audience* / **Saludar a la audiencia.**

  El primer paso es dar la bienvenida a la audiencia utilizando un lenguaje apropiado para la ocasión como:

  ○ *Good evening ladies and gentlemen.* Buenas noches Señoras y Señores.

- o *It is my pleasure to welcome everyone to our beautiful hotel tonight.* Es un placer darles la bienvenida a todos a nuestro precioso hotel esta noche.

- o *We're so glad to have you all here.* Estamos muy contentos de tenerles aquí.

- o *It's so wonderful to see you all here on this sunny day.* Es maravilloso verlos a todos aquí en este día soleado.

- **Paso 2. *Forming the body speech* / El cuerpo del discurso.**

  La duración del discurso vendrá marcada por el tipo de evento. Alrededor de 2 a 5 minutos es lo normal, siendo los 5 minutos de duración apropiado para conferencias y actos formales. Es recomendable mencionar 2 o 3 personas que hayan ayudado a organizar el viaje o el evento. Esta frase puede servir de ejemplo:

  - o *We couldn't have pulled off this … without the hard work and dedication of …, who worked tirelessly from day 1 to make today a reality.* No podíamos haber llevado a cabo este…sin el duro trabajo y dedicación de…, quien trabajó sin descanso desde el día 1 para hacerlo realidad.

- **Paso 3. *Welcoming again* / Dar la bienvenida de nuevo.**

  De nuevo se da la bienvenida a los huéspedes o clientes, pero en este caso se les invita a disfrutar de las instalaciones del hotel o de los servicios que tienen a su mano, de manera resumida.

  - o *I hope that you all enjoy your time here.* Espero que todos ustedes disfruten su tiempo aquí.

- **Paso 4. *Saying goodbye* / Despedida.**

  Ahora utilizaremos breves frases que expresen gratitud en nombre del establecimiento. Para ellos podemos utilizar las siguientes:

  - o *Thank you to everyone here for coming along tonight.* Gracias a todos por acompañarnos esta noche.

  - o *Thank you again to everyone for being here today to celebrate …! Let the celebrations begin!* ¡Gracias de nuevo a todos por estar aquí hoy para celebrar…! ¡Que empiece la fiesta!

Truco

A la hora de diseñar el discurso de bienvenida para un grupo de clientes, si no estamos seguros del tono y de la duración, debemos preguntar al responsable antes de cometer un error irreparable en la primera toma de contacto de los clientes con la empresa.

Si somos guías turísticos, debemos saber cómo presentarnos al grupo, crear empatía y hacerles partícipes en todo momento de la ruta creando una atmósfera agradable e involucrándolos en las explicaciones de manera amena.

Exploring is one of the most enjoyable tourist activities
Explorar es una de las actividades turísticas más divertidas

También es importante ofrecer otros datos de interés como el nombre del tour operador con el que operan y la dirección completa al igual que la información necesaria de contacto.

Aquí se plantea varias formas de **dar la bienvenida al grupo y presentaciones**:

- *"Welcome, I'm (name) your guide for this tour. I'll tell you all about the things you will see. If you have any questions, please ask. It's my job to answer them. All my time is free to talk to you".*
  "Bienvenidos. Soy (nombre) su guía durante este itinerario. Les contaré todas las cosas que verán. Si tienen alguna pregunta, por favor háganla. Es mi trabajo contestarlas. Mi tiempo siempre está disponible para hablar con ustedes".

- *"Hello everyone. My name is (name). On behalf of (name) Tour Agency I'd like to welcome you all to (place). The bus ride to your hotel takes you about fifteen minutes. Right now, I'd like to take a minute to familiarize you with the area and tell a brief safety precaution. You have to fasten safety belts and remain seated until we reach our destination".*

"Hola a todos. Mi nombre es (nombre). En nombre de la Agencia (nombre) me gustaría darles la bienvenida a todos a (ciudad). El recorrido del autobús tardará unos 15 minutos. Ahora, me gustaría tomar unos minutos para familiarizarnos con la zona y hablar un poco de las precauciones a tomar. Deben abrocharse los cinturones y mantenerse en sus asientos hasta llegar a nuestro destino".

- *"Dear guests, let me introduce myself. My name is (name). I am your guide and will support you during the tour. I promise you are going to enjoy your stay here".*

"Queridos huéspedes, déjenme que me presente. Me llamo (nombre). Soy su guía y los acompañaré durante todo el tour. Les prometo que su estancia aquí será divertida".

"Hi, everybody. I'm your tour guide (name). It's great to meet you in (place)".

"Hola a todos. Soy su guía (nombre). Es fantástico conocerlos en (lugar)".

3. Diferenciación de estilos, formal e informal en la comunicación turística oral y escrita

Cuando nos comunicamos con los demás en nuestra lengua materna, seleccionar las palabras apropiadas es una tarea fácil y natural. Si estamos con amigos disfrutando de una cena tranquila, nuestro lenguaje, tanto el verbal como el corporal, se acomodan y empezamos a usar expresiones y palabras de estilo informal, que nos hace sentir dentro del grupo cómodos y cómplices.

Ejemplo

Imaginémonos que de pronto uno de nuestros amigos viene acompañado de una persona a la que no conocemos, nuestros lenguajes empiezan a cambiar, a adaptarse a esta nueva situación, pasamos a un **estilo semiformal.**

Si además esa nueva persona, resulta ser su jefe en el trabajo o una persona de edad avanzada, nuestras palabras y expresiones pasarán al lado totalmente opuesto a la informalidad, es decir, pasamos al **estilo formal.**

Estos registros lingüísticos debemos aprenderlos y practicarlos en inglés para no desaprovechar ninguna oportunidad de mostrar nuestra profesionalidad ante jefes, compañeros y clientes.

Gramática

En inglés el pronombre *"you"* se traduce como "Tú", "Vosotros", "Vosotras", "Usted" y "Ustedes".

Entonces, ¿cómo distinguimos su uso singular de su uso plural? Sencillo, aquí tienes varias formas que usan los angloparlantes para entre ellos reconocer el uso plural. Sí es cierto que tienen un uso conversacional y por lo tanto informal: *"you all", "you guys", "you lot".*

Por lo tanto, según deducimos de la explicación gramática anterior, el inglés informal es usado en conversaciones cotidianas y en cartas personales con conocidos. Sin embargo, el inglés formal se usa en documentos oficiales, libros, noticias, cartas de negocios y discursos oficiales.

FORMAL	INFORMAL
Cause	Bring about/lead to
Cease	Stop
Challenge	Dare
Children	Kids
Choose	Settle for
Circular	Round
Collect	Pick up
Combat	Fight
Commence	Begin
Compensate	Make up for
Complete	Whole / finished
Comprehension	Understanding

A. Formal English / Inglés formal

- Las oraciones en el estilo formal son más largas y complicadas.
- Se utiliza en discursos preparados de antemano, considerados como oficiales.
- No se permiten errores o usos de palabras que en oral tienen una especie de deferencia.
- Hay conectores considerados de estilo formal: **nevertheless** (sin embargo), **frantically** (desesperadamente), **truly** (verdaderamente), **as it happens** (como ocurre…).
- Evitar el uso de los verbos compuestos **(phrasal verbs).**
- Los principales tratamientos de formalidad en inglés son **Sir** (para hombres), **Madam** (para mujeres) y **Miss** (para mujeres jóvenes). Si se conoce el nombre de la persona se puede anteponer al apellido a los tratamientos **Mr., Mrs.** (para mujeres casadas) y **Miss**, respectivamente.

A continuación, estas conversaciones en la recepción de un hotel representan el **estilo formal.**

 **Listening**

Audio3_11

HOTEL CONVERSATION I

Receptionist	Good morning. Welcome to Río Grande Hotel.
Client	Hi, good morning. I'd like to make a reservation for the first weekend in November. Do you have any vacancies?
Receptionist	Yes sir, we have several rooms available for that particular weekend. And what is the exact date of your arrival?
Client	The 10th.
Receptionist	How long will you be staying?
Client	I'll be staying for five nights.
Receptionist	How many people is the reservation for?
Client	There will be two of us.
Receptionist	And would you like a room with twin beds or a double bed?
Client	A double bed, please.
Receptionist	Great. And would you prefer to have a room with a view of the park?
Client	If that type of room is available, I would love to have a park view. What's the rate for the room?
Receptionist	Your room is hundred and fifty Euros per night. Now what name will the reservation be listed under?
Client	Joseph Ghost.
Receptionist	Could you spell your last name for me, please?
Client	Sure. G-H-O-S-T.
Receptionist	And is there a phone number where you can be contacted?
Client	Yes, my cell phone number is 555-91814.
Receptionist	Great. Now I'll need your credit card information to reserve the room for you. What type of card is it?
Client	Master Card. The number is 21212452214654.
Receptionist	And what is the name of the cardholder?
Client	It's me.
Receptionist	Alright, Mr. Ghost, your reservation has been made for the tenth of November for a room with a double bed and view of the park. Check-in is at 12 o'clock. If you have any other questions, please do not hesitate to call us.
Client	Great, thank you so much.
Receptionist	My pleasure. We'll see you in November, Mr. Ghost. Have a nice day.

CONVERSACIÓN DE HOTEL I

Receptionista	Buenos días. Bienvenido al hotel Río Grande.
Cliente	Hola, Buenos días. Me gustaría hacer una reserva para el primer fin de semana de noviembre. ¿Tiene habitaciones libres?
Receptionista	Sí señor, tenemos varias habitaciones disponibles para ese fin de semana en particular. ¿Cuál sería la fecha exacta de su llegada?
Cliente	El día 10.
Receptionista	¿Cuánto tiempo se quedará?
Cliente	Me quedaré 5 noches.
Receptionista	¿Para cuántas personas es la reserva?
Cliente	Será para dos personas.
Receptionista	¿Y le gustaría una habitación con 2 camas o una cama doble?
Cliente	Una cama doble, por favor.
Receptionista	De acuerdo. ¿Y preferiría una habitación con vistas al parque?
Cliente	Si hay disponibles, me encantaría tener vistas al parque. ¿Qué tarifa tiene la habitación?
Receptionista	Su habitación son 150 € por noche. Ahora, ¿a qué nombre estaría la reserva?
Cliente	Joseph Ghost.
Receptionista	¿Podría deletrearme su apellido, por favor?
Cliente	Claro G-H-O-S-T.
Receptionista	¿Y hay un número de teléfono dónde poder contactar con Ud?
Cliente	Sí, mi móvil es el 555-91814.
Receptionista	Estupendo, Ahora necesitaré su número de tarjeta de crédito para reservarle la habitación. ¿Qué tipo de tarjeta es?
Cliente	Master Card. EL número es 21212452214654.
Receptionista	¿Y quién es el titular?
Cliente	Soy yo.
Receptionista	De acuerdo, Sr. Ghost, su reserva ha sido realizada para el 10 de noviembre de una habitación con cama doble y vistas al parque. La entrada es a las 12 en punto. Si tiene alguna otra duda, por favor no dude en llamarnos.
Cliente	Estupendo, muchas gracias.
Receptionista	Es un placer. Le esperamos en noviembre, Sr. Ghost. Qué tenga un buen día.

〜〜〜〜〜〜〜〜〜〜〜〜〜〜〜〜〜〜〜〜〜〜〜〜〜〜〜〜〜〜〜〜〜〜〜〜

Formal style is appropriate for business world
El estilo formal es el apropiado en el ámbito de los negocios

Sugerencia

Mantener el contacto visual con el cliente demuestra interés por ayudarle, pero cuidado porque podemos hacerle sentir incómodo.

Audio3_12

HOTEL CONVERSATION II

Receptionist	Good morning. Welcome to Queen Sophie Hotel. How may I help you?
Client	I have a reservation for today. It's under the name of Carton.
Receptionist	Can you please spell that for me, sir?
Client	Sure. C-A-R-T-O-N.
Receptionist	Yes, Mr. Carton, we've reserved a double room for you with a view of the beach for two nights. Is that correct?
Client	Yes, it is.
Receptionist	Excellent. We already have your credit card information on file. If you'll just sign the receipt along the bottom, please.
Client	Hundred and twenty Euros per night?
Receptionist	Yes, sir. That's correct.
Client	What's included in this cost?
Receptionist	A full Continental buffet every morning, free airport shuttle service, included.
Client	So what's not included in the price?
Receptionist	Well, you will find a mini-bar in your room. Use of it will be charged to your account. Also, the hotel provides room service, at an additional charge of course.
Client	Ok, what room am I in?
Receptionist	Room 340. Here is your key. To get to your room, take the elevator on the right up to the fifth floor. Turn left once you exit the elevator and your room will be on the left hand side.
Client	Great. Thanks.
Receptionist	Should you have any questions or requests, please dial 'O' from your room. Also, there is internet available in the lobby 24 hours a day.
Client	Ok, and what time is check-out?
Receptionist	At midday, sir.
Client	Ok, thanks.
Receptionist	My pleasure, sir. Have a wonderful stay at Queen Sophie Hotel.

CONVERSACIÓN DE HOTEL II

Receptionista	Buenos días. Bienvenido al Hotel Reina Sofía. ¿En qué puedo ayudarle?
Cliente	Tengo una reserva para hoy bajo el nombre de Carton.
Receptionista	¿Puede por favor, deletrearme su apellido?
Cliente	Claro, C-A-R-T-O-N.
Receptionista	Si, Sr. Carton, tenemos reservada una habitación doble par Ud. Con vistas a la playa para dos noches. ¿Es correcto?
Cliente	Si lo es.
Receptionista	Excelente. Ya tenemos su tarjeta de crédito archivada. Si puede firmar el recibo al final, por favor.
Cliente	¿120 € por noche?
Receptionista	Sí señor. Es correcto.
Cliente	¿Qué está incluido en el precio?
Receptionista	Desayuno continental todas las mañanas y servicio de autobús lanzadera al aeropuerto incluidos.
Cliente	¿Y qué no está incluido?
Receptionista	Bien, encontrará un minibar en su habitación, su uso será cargado en su cuenta. Además, el hotel ofrece servicio de habitaciones que tienen un cargo adicional.
Cliente	Vale, ¿Cuál es mi habitación?
Receptionista	Habitación 340.
Cliente	Estupendo. Gracias.
Receptionista	Si tiene alguna pregunta o duda, por favor marque el cero desde su habitación. Dispone también de internet en el salón del hotel las 24 horas al día.
Cliente	OK, ¿Y a qué hora es la salida?
Receptionista	A mediodía señor.
Cliente	Gracias.
Receptionista	Es un placer. Qué tenga una maravillosa estancia en el Hotel Reina Sofía.

Audio3_13

HOTEL CONVERSATION III

Receptionist	*Did you enjoy your stay with us?*
Client	*Yes, very much so. However, I now need to get to the airport. I have a flight that leaves in about three hours, so what is the quickest way to get there?*
Receptionist	*We do have a free airport shuttle service.*
Client	*That sounds great, but will it get me to the airport on time?*
Receptionist	*Yes, it should. The next shuttle leaves in 10 minutes and it takes approximately 25 minutes to get to the airport.*
Client	*Fantastic. I'll just wait in the lounge area. Will you please let me know when it will be leaving?*
Receptionist	*Of course, sir. Oh, before you go would you be able to settle the mini-bar bill?*
Client	*Oh yes certainly. How much will that be?*
Receptionist	*Let's see. The bill comes to €38.50. How would you like to pay for that?*
Client	*I'll pay with my Master card thanks, but I'll need a receipt so I can charge it to my company.*
Receptionist	*Absolutely. Here we are sir. If you like you can leave your bags with the porter and he can load them onto the shuttle for you when it arrives.*
Client	*That would be great thank you.*
Receptionist	*Would you like to sign the hotel guestbook while you wait?*
Client	*Sure, I had a really good stay here and I'll tell other people to come here.*
Receptionist	*That's good to hear. Thank you again for staying at The Royal Casino Hotel.*

CONVERSACIÓN DE HOTEL III

Receptionista	¿Ha disfrutado su estancia con nosotros?
Cliente	Si, muchísimo. Sin embargo, ahora necesito ir al aeropuerto. Mi vuelo sale en unas 3 horas, así que ¿cuál es la forma más rápida de llegar hasta allí?
Receptionista	Tenemos un Servicio de autobús lanzadera gratuito.
Cliente	Eso suena genial, pero ¿me llevará a tiempo al aeropuerto?
Receptionista	Si, debería. El próximo sale en 10 minutos y llega en aproximadamente 25 minutos al aeropuerto.
Cliente	Fantástico. Esperaré en el salón. ¿Me podría decir cuando sale?
Receptionista	Por supuesto, Señor. Antes de partir, ¿me abonaría la factura de su minibar?
Cliente	Oh, cierto. ¿Cuánto es?
Receptionista	Veamos. La factura asciende a 38.50 €. ¿Cómo prefiere pagarlo?
Cliente	Pagaré con Mastercard gracias, pero necesitaré un recibo para cargarlo a la compañía.
Receptionista	Sin problemas. Aquí lo tiene. Si quiere puede dejar sus maletas con el botones, él puede cargarlas en el autobús lanzadera por Ud. cuando llegue.
Cliente	Eso sería genial.
Receptionista	¿Le gustaría firmar en el libro de huéspedes mientras espera?
Cliente	Claro, he tenido una estancia realmente buena y lo recomendaré a otras personas.
Receptionista	Es bueno oír eso. Gracias de nuevo por alojarse en el Hotel Casino Real.

B. Informal English / Inglés informal

- Las oraciones son más simples y cortas.
- Se utiliza al hablar improvisadamente, en chats y mensajería inmediata y en algunos foros de internet.
- Es algo descuidado y utiliza muletillas y palabras llamadas "de relleno".
- Permite frases cotidianas, como por ejemplo *"Here you are"* / "Aquí tiene", *"What do you mean?"* / "¿Qué quieres decir con eso?", que no se permiten en escritura formal.
- Hay palabras de estilo informal: *dude* (tío), *nope* (no), *awesome* (guay)...
- Este estilo es el hogar de los verbos compuestos: en lugar de usar *"To discover"* (descubrir), se usa *"To Find out"*.
- Es importante no confundir el lenguaje coloquial o informal con el *"slang"* (lenguaje de la calle), bastante ofensivo.

Informal speech is usually between family and friends
El discurso informal es normal entre familiares y amigos

Veamos unos ejemplos de conversaciones que pueden darse en una agencia de viajes y corresponden a un estilo **semiformal.**

 **Listening**

Audio3_14

TRAVEL AGENCY CONVERSATION I

Client	*I need help for my vacation.*
Agent	*Sure, where would you like to go?*
Client	*I don't know yet.*
Agent	*Do you enjoy warm or cold places?*
Client	*I want to go to a tropical climate.*
Agent	*I have some brochures here.*
Client	*Wow! These look great!*
Agent	*How much is your budget for your vacation?*
Client	*I have a thousand Euros.*
Agent	*Well, take these brochures, and go back to me after reading it.*
Client	*Thanks for your help!*
Agent	*You're welcome.*

CONVERSACIÓN EN AGENCIA DE VIAJES I

Cliente	Necesito ayuda para mis vacaciones.
Agente	Claro, ¿A Dónde le gustaría ir?
Cliente	Aún no lo sé.
Agente	¿Le gusta los destinos con clima cálido o frío?
Cliente	Quiero ir a un lugar con clima tropical.
Agente	Tengo algunos folletos aquí.
Cliente	¡Vaya! ¡Tienen Buena pinta!
Agente	¿Con cuánto cuenta de presupuesto para sus vacaciones?
Cliente	Tengo unos 100 euros.
Agente	Bien, tome estos folletos y vuelva a verme después de leerlos.
Cliente	¡Gracias por su ayuda!
Agente	De nada.

 **Listening**

Audio3_15

TRAVEL AGENCY CONVERSATION II

Client	I would like to book for a flight.
Agent	I can help you with that. What place is your destination?
Client	I am travelling to Málaga.
Agent	What is the date you want to fly?
Client	On June 14th.
Agent	Would you prefer a morning or an afternoon flight?
Client	I want to fly in the morning.
Agent	Well, I have already booked you a flight. The tickets will arrive by mail in a few days.
Client	Thank you!

CONVERSACIÓN EN AGENCIA DE VIAJES II

Cliente	Me gustaría reservar un vuelo.
Agente	Yo puedo ayudarle con eso. ¿Qué destino?
Cliente	Viajo a Málaga.
Agente	¿Cuál es la fecha en la que quiere viajar?
Cliente	El 14 de junio.
Agente	¿Prefiere Ud. un vuelo de la mañana o de tarde?
Cliente	Quiero viajar por la mañana.
Agente	Bien, ya he reservado los billetes, Les llegarán por correo electrónico en unos días.
Cliente	¡Gracias!

 **Resumen**

El estilo de partida en una situación de conversación con un cliente es el estilo formal, pero debemos conocer cómo adaptarnos según las necesidades y comodidad del cliente e ir pasando de un estilo a otro sin dejar de ser educados.

Veamos unos ejemplos de ambos estilos en la forma escrita.

RESERVATION LETTER

Larochelle Inn

4977 Big Indian
Habanna, Cuba 70062

Dear Larochelle Inn,

Please be informed that I will be traveling to Cuba on July 5th, 2009 and I will be requiring a room at your hotel for the duration of 3 days.

I would like to reserve an ocean view suite that has 2 beds included. I checked on your website, and the price is supposed to be $231 per night.

Please call me at 343-543-5565 to verify my reservation.

Thank you,

Josephine Thayer

Anotación

Lo referente a cómo escribir y redactar correos electrónicos se encuentra recogido en el epígrafe 6 de la unidad 1.

〜〜〜〜〜〜〜〜〜〜〜〜〜〜〜〜〜〜〜〜〜〜〜〜〜〜〜〜〜〜〜〜

BOOKING CONFIRMATION

The International Hotel
Lempaka Street
Kuta-Bali 80000

13 January, 2020

Mr. Richard R. Anderson
295 Waterloo Street
Poole BH12 7LM
Birmingham 12367
England

Dear Mr. Anderson

Thank you for your email on 12 January, inquiring about our brochures and pricelist.
We are pleased to enclose our brochures and pricelist together with some other details of our hotel facilities.
We look forward to your visit.

Your faithfully,

Gunnar R.
Reservation
〜〜〜〜〜〜〜〜〜〜〜〜〜〜〜〜〜〜〜〜〜〜〜〜〜〜〜〜〜〜〜〜

4. Tratamiento de reclamaciones o quejas de los clientes o consumidores. Situaciones habituales en las reclamaciones y quejas de clientes

A lo largo de nuestra vida profesional, las **reclamaciones o quejas** de los clientes o consumidores aparecen y tenemos que estar preparados para atenderlas de manera eficiente, aprovechando la circunstancia para demostrar nuestra honradez y vocación de servicio, en lugar de empeorar la situación creando situaciones aún más incómodas para los clientes.

La decisión de poner una reclamación es un asunto muy serio y no es plato de buen gusto para ninguna de las partes implicadas.

Los clientes que toman esta decisión ven en ella la única manera de pedir ayuda ante una situación de engaño o falsas expectativas por un servicio contratado de antemano.

We must tackle the complaints as another way to get better
Debemos de gestionar las quejas como otra forma para ser mejores

Ante una queja debemos cambiar nuestra perspectiva y ser capaces de ver la oportunidad de:

- Conocer qué opinan nuestros clientes.
- Subsanar el error, reforzando la relación con el cliente.
- Ser los mejores en nuestro sector.

Cómo debemos de prepararnos para actuar de manera exitosa ante una reclamación es algo que se consigue, ante todo no debemos perder el control de nuestras emociones y pensar que el tratamiento de estas quejas nos sirve para mejorar.

Veamos qué acciones pueden ayudarnos a salvar la situación:

- Hacer siempre las cosas de la mejor manera posible.
- Planificar cómo atender la queja y redactar un protocolo de comportamiento de todos y cada uno de los empleados del establecimiento.
- Mantener una actitud relajada y mostrar interés en solucionar el problema.
- Atención personalizada del cliente escuchando atentamente su versión.
- No tomar los comentarios negativos de manera personal, evitar en todo momento la discusión.
- Establecer enlaces de empatía con el cliente, ponerse en su piel para entenderle mejor: "comprendo cómo se siente...", "lamento lo ocurrido...".

- Realizar cuántas más preguntas mejor, tanto a los clientes como al departamento afectado por la queja para ofrecer la solución más satisfactoria al problema.
- Contactar con el cliente cuando todo haya acabado, interesarse por sus sentimientos, sus preocupaciones y hacerle ver que su descontento nos ha marcado en cierta manera, que es importante para nosotros.

En cuanto a la recogida de las reclamaciones y quejas, es obligatorio regirse por la legislación vigente en plazos, y forma. Además, es importante que:

- Las reclamaciones y quejas se recojan por escrito y a la vista del cliente.
- Dejar hablar al cliente sin interrumpirle hasta que no haya acabado de contar su historia.
- Se formule una disculpa comunicándole que se cumplirá con los plazos previstos según la ley.

Para manejar en inglés situaciones tan delicadas, conozcamos una serie de expresiones útiles:

COMPLAINTS EXPRESSIONS EXPRESIONES PARA QUEJAS	
LISTENING 🔊 Audio3_16	
I'm sorry to bother you, but...	Siento molestarle, pero...
I wonder if you could help me with this...	Me pregunto si podría ayudarme con esto...
I'm afraid It may be a misunderstanding.	Me temo que puede haber un malentendido.
I understand It's not your fault, but...	Entiendo que la culpa no es suya, pero...
It appears to be something wrong with...	Parece que hay algún problema con...
Could you double check the...?	¿Podría volver a comprobar que...?
Is there someone else I could speak to about this matter?	¿Hay alguien más con quién hablar de este tema?
I'm sorry about the mix up.	Perdone por la confusión.
Sorry for the inconvenience.	Perdone por las molestias.
I apologize for that.	Me disculpo por eso.

La siguiente simulación nos muestra un cliente insatisfecho por los servicios contratados durante sus vacaciones, lamentablemente la situación no es resuelta de manera eficaz.

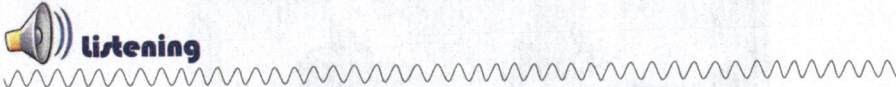

Audio3_17

A COMPLAIN IN A TRAVEL AGENCY

Agent	*Good morning, can I help you?*
Client	*I'd like to make a complaint about my holiday in Córdoba last week.*
Agent	*I'm sorry to hear that. What exactly was the problem?*
Client	*First of all, the bus taking us to the hotel broke down and we had to wait for over two hours before a replacement arrived. Then when we got to the hotel, we found our room hadn't been cleaned.*
Agent	*Oh dear, did you complain to the hotel staff?*
Client	*Of course, but we were told all the chambermaids were off duty. Anyway, that's not all. The people in the room above sounded like they were having all-night parties, every night. I demanded another room but the receptionist told me the hotel was full.*
Agent	*Oh, I see.*
Client	*And to cap it all the food in the hotel restaurant was awful. It was so disappointed we had to eat out all the time despite having paid for an all-inclusive price.*
Agent	*I do apologize. I'd like to offer you a 20% discount on the price of one of our autumn breaks as a gesture of goodwill.*
Client	*20% discount, you must be joking. I want to see the manager.*

UNA RECLAMACIÓN EN LA AGENCIA DE VIAJES

Agente	Buenos días. ¿En que puedo ayudarle?
Cliente	Me gustaría poner una reclamación sobre mis vacaciones en Córdoba la semana pasada.
Agente	Siento escuchar eso. ¿Qué pasó exactamente?
Cliente	Lo primero de todo el autobús que tenía que recogernos para llevarnos al hotel se averió y tuvimos que esperar alrededor de dos horas antes de que llegar el de repuesto. Entonces llegamos al hotel y encontramos que nuestra habitación no había sido limpiada.
Agente	¡Dios mío! ¿Se quejó al personal del hotel?
Cliente	Por supuesto, pero nos dijeron que todas las camareras de piso estaban de descanso. De todas formas, eso no es todo. Las personas de la habitación de arriba sonaban como si estuvieran haciendo fiesta durante la noche. Pedí otra habitación, pero el recepcionista me dijo que el hotel estaba completo.
Agente	Ya veo.
Cliente	Y para colmo, la comida del restaurante estaba malísima. Fue muy frustrante tener que comer fuera todo el tiempo a pesar de haber pagado un precio todo incluido.
Agente	Me disculpo. Me gustaría ofrecerle un descuento del 20% para disfrutar en otoño de nuestras ofertas como gesto de voluntad.
Cliente	Un 20% de descuento, debe estar bromeando. Quiero ver al director.

Managing guests complaints and requests is crucial in ensuring a great service
La gestión de las quejas y solicitudes de los huéspedes es crucial para garantizarles un gran servicio

 Cita

"In the world of Internet Costumer Service, it's important to remember your competitor is only one mouse click away" - Doug Warner.

"En el mundo del servicio al cliente de Internet, es importante recordar que tu competidor está a solo un clic de ratón" - Doug Warner.

5. Simulación de situaciones de atención al cliente y resolución de reclamaciones con fluidez y naturalidad

Ya hemos visto qué la preparación es esencial y el planificar protocolo de comportamientos también. Veamos a través de estos ejemplos, las distintas formas de solucionar reclamaciones con éxito.

 **Listening**

Audio3_18

SIMULATION I. A COMPLAIN ON A TOUR

Client	*I am having some big problems on this tour.*
Staff	*What seems to be the problem? We are here to help you, Madam.*
Client	*This tour company seems to be disorganized. No one seems to have a clear picture as to where we are going and when we are going to get there.*
Staff	*I will see what I can do about that. How about the accommodations on the tour?*
Client	*So far, we have been staying in really out-of-the-way accommodations.*
Staff	*Is anything wrong with your room?*
Client	*The television in our room was broken, and they didn't send anyone to fix it.*
Staff	*I will complain to the hotel manager about that. How about the hotel restaurant?*
Client	*The food in the restaurant was terrible, and a few people from our group got sick.*
Staff	*I am so sorry that you had such a bad experience. We would like offer you a free city tour and lunch to make it up to you.*

SIMULACIÓN I. UNA QUEJA EN UN VIAJE

Cliente	Tengo grandes problemas con el tour.
Personal	¿Qué problemas tiene? Estamos aquí para ayudarle.
Client	Esta empresa de recorridos turísticos parece estar desorganizada. Nadie sabe claramente a dónde vamos ni cuándo vamos a llegar allí.
Personal	Veré lo que puedo hacer respecto a eso. ¿Qué tal el alojamiento durante el tour?
Client	Hasta el momento nos hemos alojado en alojamientos realmente apartados.
Personal	¿Algún problema con las habitaciones?
Client	El televisor en nuestra habitación estaba roto, y no enviaron a nadie para arreglarlo.
Personal	Me quejaré al director del hotel por ello. ¿Qué tal el restaurante del hotel?
Client	La comida del restaurante era terrible, y algunas personas de nuestro grupo cayeron enfermas.
Personal	Siento mucho que haya tenido una mala experiencia. Me gustaría ofrecerle un recorrido turístico por la ciudad gratuito y un almuerzo para compensarle.

 **Cita**

"It takes months to find a customer...seconds to lose one" - Vince Lombardi.

"Lleva meses encontrar un cliente...segundos perder uno" - Vince Lombardi.

 **Listening**

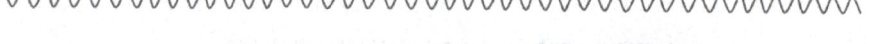

Audio3_19

SIMULATION II. A PROBLEM IN THE ROOM

Receptionist	*Good morning, Reception. How can I help you?*
Client	*Hello. I am Mr. García, room 654. I have a problem. There isn't hot water in my room.*
Receptionist	*I am sorry to hear that. I will send someone to fix it right away.*
Client	*Yes, please. I appreciate your help.*

SIMULACIÓN II. UN PROBLEMA EN LA HABITACIÓN

Recepcionista	Buenos días, Recepción. ¿En qué puedo ayudarle?
Cliente	Hola, Soy el señor García, habitación 654. Tengo un problema. No hay agua caliente en mi habitación.
Recepcionista	Siento mucho oír eso. Le enviaré a alguien para arreglarlo ahora mismo.
Cliente	Si, por favor. Aprecio su ayuda.

To avoid complaints everything must fit like a puzzle
Para evitar reclamaciones todo debe encajar como un puzle

SOLUTIONS FOR MOST COMMON HOTEL GUEST COMPLAINTS / SOLUCIONES PARA LAS QUEJAS MÁS COMUNES DE LOS HUÉSPEDES DEL HOTEL:

- **Temperature problems.**

  *Guest Comfort is the main goal for hotels and temperature is part of that comfort. What can we do if we heard **"My room is hot/cold".** The best way to handle this complaint is talking directly to your guest and adjusts the temperature with their in room.*

  Problemas con la temperatura.

  La comodidad es el objetivo principal para los hoteles y la temperatura forma parte de ese confort. Qué podemos hace si oímos *"En mi habitación hace calor/ frío"*. La mejor manera de manejar esta queja es hablando directamente con los clientes y ajustando la temperatura con ellos en la habitación.

- **Wi-Fi problems.**

  *The wi-fi access is a common complaint in hotels. **"Slow wifi", "Wifi passwords".** First of all, ensure that your web service has a worldwide basis, then the wifi passwords can be written on the room key card, so that it is very easy for the guests to navigate at first.*

  Problemas con la red Wifi.

  El acceso a la red wifi es una queja común en los hoteles. *"Wifi lento"*, *"Contraseñas de la red"*. Ante todo, asegúrese de tener un buen servidor de Internet, después la contraseña puede estar escrita en la tarjeta llave de la habitación, así es muy fácil para los huéspedes navegar desde el primer momento.

- **Noises in the room.**

  If the noises are coming from outside, you can move the guest to another different floor offering a luggage cart for helping with the luggage. If the noise is coming from inside the hotel, you can try to quiet the noisy guests first and then moving the complainers too.

  Ruidos en la habitación.

  Si los ruidos llegan desde fuera del hotel, se puede cambiar a los huéspedes a otra habitación diferente y ofrecer un carrito para trasportar el equipaje. Si el ruido viene de dentro del hotel, se puede intentar calmar a los huéspedes ruidosos primero y luego cambiar a los se quejan igualmente.

- **Unclean room.**

  An unclean room is a bad hotel experience definition. Cleanliness issues are usually solved with a quick rectification and a sincere apology.

  Habitación sucia.

  Una habitación sucia es una definición de mala experiencia hotelera. Los temas de limpieza son solventados normalmente de manera rápida y con una disculpa sincera.

6. Comunicación y atención en caso de accidente con las personas afectadas

Cuando un turista decide viajar, elige destino y contrata los servicios desde su país de origen, son varias las preocupaciones que le invaden hasta tocar el suelo del destino y empezar a comprobar que todos los servicios que ha contratado cumplen las expectativas creadas durante su contratación.

Una vez que verifica que la comodidad de su hotel, la calidad de su restaurante y los servicios añadidos son de su gusto, entonces es cuando la **preocupación por la seguridad** le invade.

La seguridad en los establecimientos hoteleros es fundamental para lograr una plena satisfacción del cliente. Por lo tanto, se debe considerar la seguridad del hotel como un componente importante en el posicionamiento del mismo frente a la competencia.

Hospitality industry, must minimise hazards that can compromise the health of employees and customers

La industria hotelera, debe minimizar los peligros que pueden comprometer la salud de los empleados y clientes

Todo establecimiento hotelero cuenta con pasillos, plantas, salidas de emergencia, ascensores, puertas laterales y recovecos que en un momento dado pueden provocar imágenes de peligro o inseguridad a los huéspedes más imaginativos. Es misión del hotel, hacer que desaparezca esa sensación y para ello deben ser tomadas unas medidas y protocolos de seguridad que garanticen, no solo la protección de todas las personas que se encuentran alojadas en el establecimiento sino también de sus empleados.

Los factores de riesgo principales son:

- El desconocimiento de las dependencias del hotel. Los clientes acaban de llegar y muchos de ellos no son capaces de encontrar su propia habitación, en caso de emergencia, el desalojo puede ser catastrófico.
- Que el riesgo encuentre a los alojados en plena noche.
- Que las dimensiones del hotel dificulten la atención del riesgo.
- Que en el hotel se celebren reuniones, eventos particulares con un gran número de participantes, además de los clientes alojados.

Hotel safety is an essential component
La seguridad de un hotel es un componente esencial

Las causas principales que pueden provocar **momentos de peligro** provienen de:

- Instalaciones y equipos eléctricos.
- Operaciones de mantenimiento de calderas y motores.
- Fuga de gases y refrigerantes.
- Accidentes provocados por fumadores.
- Los fogones de las cocinas.
- Materiales combustibles y altamente inflamables.
- Incendios provocados.
- Atentados.
- Fenómenos naturales como terremotos e inundaciones.

Hay varios indicios que generan inseguridad en los clientes de un establecimiento hotelero como la mala señalización de habitaciones, salones y salidas de emergencia. Si los clientes no son capaces de identificar las vías de evacuación o bien, encuentran puertas que deberían estar accesibles desde dentro para salir en situaciones de emergencia y se encuentran cerradas; sin hablar de un alumbrado de emergencia de pasillos y puertas nulo o escaso.

- En caso de **incendios**:

  o Decidir el protocolo a seguir: detección, eliminación, reducción y control de los riesgos de incendio.
  o Estudio de las probabilidades de que ocurran.
  o Análisis y estudio de la gravedad de los daños, si se produce el riesgo.
  o Establecer el plan de emergencias, en el que se especificará detalles como la toma de decisión de evacuar o no a las personas que se encuentren en el establecimiento hotelero, informar a la policía...

- En caso de **robos**:

  o Vigilancia especial de zonas comunes: piscinas, hall de entrada, etc.
  o Efectos personales de los clientes en las habitaciones: cajas de seguridad.
  o Vigilancia de parkings y estacionamiento de los vehículos de clientes alojados.

- En caso de **atentados**:

  o Incluir el procedimiento de actuación par atentados en el plan de emergencias.
  o Comunicación a la policía.
  o Evacuación de los clientes alojados y personal del hotel.

Obligatorio

Una empresa para cumplir con la ley de prevención de riesgos laborales, debe nombrar a trabajadores como responsables de los planes de prevención de la empresa o bien contratar técnicos prevencionistas de manera externa.

- En caso de **disputas**:

  o Disputas entre clientes, durante las prestaciones de los servicios.
  o Disputas entre clientes y personal del hotel, por robo o mala atención.

    o Disputas entre empleados del hotel, por tensiones laborales.

    o Disputas de personas ajenas al hotel y las que se encuentren en este, por ánimo de robo o insultos.

- En caso de **emergencias sanitarias**:

    o Epidemias e intoxicaciones alimentarias o por aire.

    o Heridas.

    o Caídas.

    o Quemaduras.

    o Hemorragias, infartos...

- Casos de **catástrofes naturales**:

    o Huracanes, tornados.

    o Inundaciones.

    o Terremotos, tsunamis.

Prevention better than cure
Prevenir mejor que curar

Para evitar que estas situaciones de riesgo se produzcan debemos tomar una serie de medidas de **prevención** como, por ejemplo:

- Disponer de un buen sistema de cámaras de seguridad y sistema de alarmas.
- Cajas fuertes dentro de las habitaciones y en recepción.
- Contar con personal de seguridad.
- Instalación de puertas y ventanas de seguridad, antirrobos, antisuicidios, etc.
- En caso de alerta de posible atentado: cierre del hotel, aislamientos de algunas zonas…
- En caso de catástrofes meteorológicas: estar atento siempre a las previsiones para adelantarnos al riesgo.
- Establecer y seguir un buen plan de mantenimiento de equipos e instalaciones, pararrayos, control de fumadores…
- Hacer periódicamente simulacros de incendio, aviso de bomba o atentado…
- Formar a los empleados en prevención de riesgos laborales.
- Contar con un prevencionista titulado y profesional.
- Orden y limpieza, dotar al personal de carnets de manipuladores de alimentos, y otros necesarios para ofrecer un servicio seguro en alimentación y bebidas.
- Disponer de botiquines para curas y primeros auxilios.

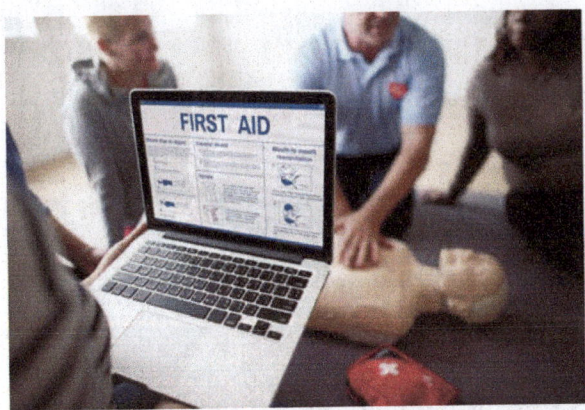

It's recommended that staff be trained in basic first aid
Es recomendable que el personal esté entrenado en primeros auxilios

En el siguiente banco de palabras encontraremos lo necesario para hablar de seguridad de manera eficaz y fluida.

~~~~~~

HEALTH AND SAFETY TERMS
TÉRMINOS DE SALUD Y SEGURIDAD

LISTEN AND REPEAT 🔊 Audio3_20

Burns	Quemaduras	*Helmet*	Casco
Cuts	Cortes	*Ear muffs*	Cascos protección
Sprain	Esguince	*Apron*	Delantal
Broken bones	Huesos rotos	*Coveralls*	monos
Dislocation	Dislocación	*Accident*	Accidente
Hits	Golpes	*Allergy*	Alergia
Falls	Caídas	*Fire alarm box*	Alarma de incendios
Poisoning	Envenenamiento	*Ambulance*	Ambulancia
Backaches	Dolores de espalda	*Fire extinguisher*	Extintor
Fracture	fracturas	*Fireman*	Bombero
Blisters	Tiritas	*Flame*	Llama
Bruises	Moratones	*Oxygen mask*	Máscara de oxígeno
Headache	Dolor de cabeza	*Parachute*	Paracaídas
Vomiting	Vomitar	*Smoke*	Humo
Rash	Arañazos	*Victim*	Víctima
Dizziness	Mareos	*Safety signs*	Señales de seguridad
Sore eyes	Ojos irritados	*Red warning signs*	Cosas que debes hacer
Cough	Tos	*Blue warning signs*	Recomendaciones
Safety glasses	Gafas de seguridad	*Yellow warning signs*	Aviso de peligro
Safety shoes	Zapatos de seguridad	*Green warning signs*	Para escapar

~~~~~~

Follow the signs to be safe
Siga las señales para estar a salvo

Los **consejos** de la Guardia Civil ante una amenaza de bomba son:

- Alertar inmediatamente al Cuerpo de Seguridad competente en la zona, si es la Guardia Civil llamar al teléfono 062 o en cualquier caso al 112, y facilitar sus datos personales, así como un número de teléfono de contacto.
- Mantener la calma y comunicarlo a los demás, es importante abandonar el lugar con prontitud y orden.
- Evitar el pánico y las reacciones desmedidas.
- No manipular ningún objeto sospechoso.
- Señalizar la ubicación del objeto.

 **Importante**

Main Bomb threat procedures: **remain calm and notify authorities immediately.**
Los principales procedimientos ante amenaza de bomba: **mantener la calma y notificar a las autoridades inmediatamente.**

Resumen

La vocación al servicio y el trato personalizado son la base de toda empresa de servicios. Debemos perseguir la excelencia en la prestación y el trato con el cliente. Sin embargo, eso no evita que existan situaciones delicadas a las que debemos enfrentarnos.

Esas situaciones no debemos de verlas como algo negativo, sino como un excelente regalo para mejorar. Ser los mejores es nuestro principal objetivo como empresa prestadora de servicios.

Los clientes prefieren un trato educado, cortés y por ello debemos conocer tanto el estilo formal, para utilizarlo, como el informal, para tratar de evitar perder un cliente por un comportamiento deslenguado o demasiado coloquial.

Es muy importante ante situaciones de emergencia seguir un protocolo marcado por un plan de emergencia estudiado y viable. No está de más conocer algunas formas de evitar accidentes o males mayores como la formación en primeros auxilios.

Glosario

Detalles

Parte, hecho o circunstancia que contribuye a formar o completar una cosa, pero no es indispensable en ella.

Discurso de bienvenida

Discurso con que se recibe y se saluda a un visitante o invitado.

Estilo formal

Lenguaje propio de situaciones serias o formales, se emplea comúnmente en una exposición, una conferencia o un debate.

Estilo informal

Lenguaje utilizado en situaciones informales, directamente relacionado con la familia y amigos. Es cotidiano, espontáneo, cercano y expresivo.

Queja

Resentimiento o disgusto que se tiene por la actuación o el comportamiento de alguien. También reclamación o protesta que se hace ante una autoridad a causa de un desacuerdo o inconformidad.

Reclamación

Expresión con la que se reclama, en especial si se recoge formalmente y por escrito.

Slang

Jerga de registro coloquial e informal usada en el idioma inglés.

Ejercicios de autoevaluación

1. ¿Cómo se llama en inglés a la oficina de reclamación de equipajes?

- a. Boarding pass.
- b. Baggage claim.
- c. Departure lounge.
- d. Seat belt.

2. ¿Cómo se dice en inglés "revisor"?

- a. Fire man.
- b. Local train.
- c. Ticket Office.
- d. Ticket Collector.

3. ¿Cómo se llama en inglés al ticket de ida y vuelta?

- a. Single ticket.
- b. One-way ticket.
- c. Double ticket.
- d. Return ticket.

4. ¿Qué frase demuestra lo desolado que se está con lo ocurrido?

- a. Take care!
- b. I wish you a happy stay!
- c. Have a nice day!
- d. I'm sorry to hear about that!

5. ¿Qué fórmula se utiliza para saludar?

    a. Have a nice day!

    b. Thank you for being here!

    c. I'm glad to see you again.

    d. Goodbye!

6. ¿En cuál de estas expresiones se está usando el "you" plural?

    a. It's up to you.

    b. I love you all.

    c. I told you.

    d. We were waiting for you.

7. ¿Qué se debe evitar usar en el estilo formal?

    a. Phrasal verbs.

    b. Oraciones largas.

    c. Conectores.

    d. Modal verbs.

8. ¿Qué se debe evitar usar en el estilo informal?

    a. Muletillas.

    b. Tratamientos como Sr./Sra.

    c. Oraciones cortas.

    d. Phrasal verbs.

9. ¿Con qué objetivo se deben realizar las encuestas de satisfacción de clientes?

    a. Para invertir en publicidad.

    b. Para saber a qué empleado despedir.

    c. Para mejorar los servicios.

    d. Para no aceptar a clientes problemáticos.

10. En caso de amenaza de bomba, ¿qué es lo primero que debemos hacer?

    a. Comprobar los equipos informáticos.

    b. Evacuar el hotel.

    c. Vigilar los coches aparcados en el parking.

    d. Cachear a los clientes.

Aplicaciones prácticas

Aplicación práctica 1. Texto descriptivo de destino turístico

Unidad de aprendizaje 1. Gestión y comercialización en inglés de servicios turísticos

Inventa un establecimiento hotelero, situado en un paraje insólito y particular, y elabora un texto descriptivo en español e inglés con unas 100 palabras que comprenda los siguientes aspectos:

- Nombre y localización del establecimiento.
- Descripción del entorno.
- Descripción de los servicios.
- Servicios añadidos que le diferencian del resto de establecimientos.

Recuerda utilizar la gramática y el vocabulario en inglés aprendido en el temario.

Aplicación práctica 2. Ruta turística en la ciudad

Unidad de aprendizaje 2. Prestación de información turística en inglés

Diseña una ruta turística en inglés para llevarla a cabo en tu ciudad. Busca la temática, los monumentos y actividades que incluirá, duración y dificultad física de los participantes, precio, grupo mínimo de personas para ejecutarla y dótala de nombre turístico comercial.

Recuerda utilizar la gramática y el vocabulario en inglés aprendido en el temario.

Aplicación práctica 3. Gestión de una reclamación

Unidad de aprendizaje 3. Atención al cliente de servicios turísticos en inglés

Trabajas en el departamento de recepción de un hotel y se te acerca un huésped bastante enojado que te solicita un descuento porque la comida del restaurante no era fresca, el baño de la habitación estaba sucio y no le han repuesto los dosificadores de champú y gel en toda la semana.

Este cliente no se ha quejado durante toda la estancia de nada por lo que tu jefe sospecha que quiere disfrutar de un descuento de modo fraudulento.

Desglosa, paso a paso, cómo se debe actuar ante un cliente enojado y cómo puedes suavizar la situación, ya que tu jefe insiste en no ofrecerle ningún descuento al cliente.

Recuerda utilizar la gramática y el vocabulario en inglés aprendido en el temario.

Ejercicio de evaluación final

1. ¿Qué expresión es la adecuada para pedirle disculpas por las molestias a un cliente que acaba de realizar una queja?

    a. Could you double check, please?

    b. I'm sorry for the inconvenience.

    c. Thank you for being here.

    d. It's not my fault.

2. ¿Qué expresión indica que no se está de acuerdo con algo?

    a. I agree with you.

    b. I go along with you.

    c. You're absolutely right.

    d. I disagree.

3. ¿Cuál de estas características no pertenece al Producto o Servicio Turístico?

    a. Highly perishable.

    b. Heterogeneous.

    c. Seasonal.

    d. Tangible.

4. ¿Qué expresión indica gratitud?

    a. I really appreciate your help.

    b. I'm sorry.

    c. Have a nice stay!

    d. Take care!

5. ¿Qué adjetivo utilizaríamos para decir que una ruta es emocionante?

    a. Ancient.

    b. Traditional.

    c. Popular.

    d. Exciting.

6. ¿Con qué adjetivo se indica que algo es impresionante?

    a. Haunted.

    b. Breathtaking.

    c. Enormous.

    d. Beautiful.

7. ¿Cuál de estos términos no se refiere a una persona?

    a. Resort.

    b. Sightseer.

    c. Traveller.

    d. Tourist.

8. ¿Cuál no es un adverbio de tiempo?

    a. Many.

    b. Often.

    c. Sometimes.

    d. Never.

9. ¿Cuál de estos objetos no solemos encontrar en una habitación de hotel?

    a. Soap.

    b. A towel.

    c. A spoon.

    d. A pillow.

10. ¿Cuál de estas habilidades no se considera una *"soft skill"* necesaria para negociar?

    a. Deep knowledge about computer.

    b. Patience.

    c. Active listening.

    d. Emotional control.

11. ¿Qué término hace referencia a una persona que trabaja en el aeropuerto?

    a. Gate.

    b. Life vest.

    c. Seat.

    d. Flight attendant.

12. ¿Cómo se denominan todas las fases del proceso de información turística?

    a. Fases de diagnóstico, contrastación, almacenamiento, actualización y de intercambio de información.

    b. Fases de diagnóstico, contratación, actualización y de intercambio de información.

    c. Fases de diagnóstico, contrastación y de intercambio de información.

    d. Fases de almacenamiento, actualización y de intercambio de información.

13. ¿Qué casilla tiene que marcar un cliente que está plenamente satisfecho con los servicios en una encuesta de satisfacción?

    a. Highly satisfied.

    b. Satisfied.

    c. Disappointed.

    d. No satisfied.

14. ¿Qué significan las siglas QR en "Código QR"?

a. Quiet response.

b. Quick response.

c. Quaint response.

d. Quote response.

15. Nombra la estrategia de precios que consiste en fijar un precio en función de la relación entre precios y atributos del producto:

a. Estrategia de competición.

b. Estrategia diferencial.

c. Estrategia psicológica.

d. Estrategia de grupos de productos.

16. ¿Cuál de estas medidas se puede utilizar para cuantificar una bebida?

a. Pint.

b. Yard.

c. Inch.

d. Stone.

17. El término que indica lo contrario de "barato" es:

a. Cheap.

b. Low-priced.

c. Expensive.

d. Affordable.

18. ¿Cuál de estas medidas no se incluiría en la guía de buenas prácticas para un turismo sostenible?

    a. Respect animals' lives.

    b. Light a fire on a forest.

    c. Limit our carbon footprint.

    d. Take care of water consumes.

19. ¿Cómo se denomina la forma de pago que consiste en el pago con una tarjeta bancaria que no necesita ser introducida en la ranura del datáfono?

    a. Contactless card.

    b. Phoned transfers.

    c. Cash.

    d. Cheque.

20. ¿Cuál de estas no es una medida de prevención?

    a. Estar atento a las previsiones del tiempo.

    b. Formar a los empleados en primeros auxilios.

    c. No disponer de botiquines para curas.

    d. Disponer de un sistema de cámaras de seguridad.

21. ¿Cuál de estas quejas es una de las más comunes en hotelería?

    a. Luces que no encienden.

    b. La temperatura en la habitación.

    c. No hay ceniceros.

    d. No hay agua caliente.

22. ¿Qué tipo de empresas turísticas están incluidas en el bloque de empresas que prestan apoyo al sector turístico?

    a. Hoteles.

    b. Centros de Salud.

    c. Agencia de Viajes.

    d. Centros de información turística.

23. ¿Con qué fórmula de despedida cerramos un email de confirmación de reserva a un cliente de hotel?

    a. Best wishes.

    b. XOXO.

    c. Yours faithfully.

    d. Laters.

24. ¿Qué fórmula se utiliza para saludar en un correo electrónico?

    a. Loved Mrs. López.

    b. Dear Madam.

    c. Dear friend.

    d. Hello.

25. ¿Qué adjetivo utilizaríamos para decir que un producto o servicio está de moda?

    a. Recommended.

    b. Complete.

    c. Modern.

    d. Trendy.

26. ¿Cuál de estas verduras se encuentra en el grupo familiar de los tubérculos?

    a. Yam.

    b. Ginger.

    c. Garlic.

    d. Carrots.

27. ¿Cuál es el principal objetivo del valor o servicio añadido?

    a. Encarecer el producto.

    b. Diferenciarte de la competencia.

    c. Dar menos por más.

    d. Contratar más personal.

28. ¿Qué objeto no suele llevar un camarero?

    a. An apron.

    b. A bow tie.

    c. Sun block.

    d. A corkscrew.

29. ¿Qué expresión se utiliza para hablar del plato especial del restaurante?

    a. Are you ready to order?

    b. Our chef's speciality is...

    c. Is everything all right?

    d. Why don't you try...?

30. ¿Qué expresión no se utiliza para recibir a un cliente en un restaurante?

   a. Have you got a reservation?

   b. How do you pay?

   c. Where would you like to sit?

   d. Would you like to come with me, please?

31. ¿Cuál de estas modalidades de turismo está relacionada con la práctica de deportes de nieve?

   a. Winter tourism.

   b. Religious tourism.

   c. Adventure tourism.

   d. Ecotourism.

32. ¿Qué define un viaje largo, normalmente en barco?

   a. Excursion.

   b. Voyage.

   c. Trip.

   d. Journey.

33. ¿Qué expresión no pregunta por la hora?

   a. What time is it?

   b. What is the time?

   c. Could you tell me the time please?

   d. What's the weather like today?

34. ¿Qué preposición se utiliza con los meses del año?

    a. At.

    b. On.

    c. In.

    d. To.

35. ¿Qué ley se ocupa de la protección de datos?

    a. Ley Orgánica 3/2016 de Protección de datos.

    b. Ley Orgánica 3/2018 de Protección de datos.

    c. Ley Orgánica 8/2018 de Protección de datos.

    d. Ley Orgánica 3/2013 de Protección de datos.

36. ¿Cómo se denomina en inglés al responsable del tratamiento de los datos?

    a. Data Controller.

    b. Data Exporter.

    c. Data Process.

    d. Data Subject.

37. ¿Qué expresión indica que no hay dinero en una cuenta corriente?

    a. "Be in the blue".

    b. "Be on the red".

    c. "Be in the red".

    d. "Stay in the red".

38. ¿Cuál es el significado de las siglas VAT?

    a. Very Attractive Team.

    b. Very Annoying Task.

    c. Value Added Target.

    d. Value Added Tax.

39. ¿Qué se debe evitar usar en el estilo formal?

a. Phrasal verbs.

b. Oraciones largas.

c. Conectores.

d. Modal verbs.

40. ¿Cuál de estos organismos oficiales no es nacional?

a. OMT.

b. IET.

c. Turespaña.

d. ICTE.

Solucionario

U. A. 1. Gestión y comercialización en inglés de servicios turísticos

1. c

2. b

3. d

4. c

5. d

6. a

7. b

8. c

9. a

10. a

U. A. 2. Prestación de información turística en inglés

1. c

2. c

3. a

4. d

5. a

6. b

7. c

8. c

9. d

10. b

U. A. 3. Atención al cliente de servicios turísticos en inglés

1. b

2. d

3. d

4. d

5. c

6. b

7. a

8. b

9. c

10. b

Bibliografía

Monografías

DÍAZ FERNÁNDEZ, BEATRIZ (2015): *El diseño de productos y servicios turísticos.* Editorial Síntesis
> Trata de desgranar la oferta de productos turísticos teniendo en cuenta las necesidades de la demanda, marcando la diferencia de una empresa turística frente a las de la competencia.

URRETA OKERANZA, EGUZKIÑE (2018): *Diseño de productos y servicios turísticos locales.* Editorial Paraninfo
> En él se analiza la creación y diseño de productos turísticos en las fases del ciclo de vida de un producto turístico local, su diseño, gestión y financiación de proyectos. El turismo sostenible es tratado analizando los impactos ambientales del turismo actual.

JIMENEZ ABAD, CARLOS ENRIQUE (2006): *Producción y venta de servicios turísticos en agencias de viaje.* Editorial Paraninfo
> Trata las funciones de las agencias de viajes y los documentos propios del sector.

LATHAM-KOENING CRISTINA, OXEDEN CLIVE, BOYLE MIKE (2017): *English File Intermediate Plus. Student's Book.* Editorial Oxford University Press.

MARGARITA PLANELLS, MARGARITA PLANELLS COSTA, MONTSERRAT CRESPI VALLBONA (2014): *Sistemas y servicios de información turística.* Editorial Síntesis
> Este libro nos descubre el funcionamiento de los centros de información turística y sus relaciones con las instituciones y empresas del sector. Trata las técnicas de atención al público, la dirección y gestión de los mismos.

McCARTHY MICHAEL, O'DELL FELICITY (2017): *English Vocabulary in use. Upper-intermediate.* Editorial Cambridge

Legislación

Ley Orgánica 3/2018, de 5 de diciembre de Protección de Datos Personales y garantía de los derechos digitales.

Webgrafía

Seguridad en el hotel

https://www.omnitecsystems.es/omni/blog/seguridad-hoteles-mantener-hotel-seguro

Restaurant customer service training tips to wow your guests

https://upserve.com/restaurant-insider/3-restaurant-customer-service-training-tips/

Spanish hotel vocabulary
https://www.lingolex.com/hotels.php